SHANDI DADUSHIQU
CHENGSHI ZONGHE CHENGZAILI YANJIU

山地大都市区
城市综合承载力研究

代富强 刘 浩 张 霞 李 青／著

西南财经大学出版社
中国·成都

图书在版编目(CIP)数据

山地大都市区城市综合承载力研究/代富强等著.—成都:西南财经大学
出版社,2022.6
ISBN 978-7-5504-5329-6

Ⅰ.①山… Ⅱ.①代… Ⅲ.①山地—城市—承载力—研究—重庆
Ⅳ.①F299.277.19

中国版本图书馆 CIP 数据核字(2022)第 066626 号

山地大都市区城市综合承载力研究

代富强 刘浩 张霞 李青 著

责任编辑:林伶
责任校对:李琼
封面设计:墨创文化
责任印制:朱曼丽

出版发行	西南财经大学出版社(四川省成都市光华村街55号)
网　　址	http://cbs.swufe.edu.cn
电子邮件	bookcj@ swufe.edu.cn
邮政编码	610074
电　　话	028-87353785
照　　排	四川胜翔数码印务设计有限公司
印　　刷	四川五洲彩印有限责任公司
成品尺寸	170mm×240mm
印　　张	10.5
字　　数	180 千字
版　　次	2022 年 6 月第 1 版
印　　次	2022 年 6 月第 1 次印刷
书　　号	ISBN 978-7-5504-5329-6
定　　价	68.00 元

内容简介

　　本书以城市综合承载力"理论研究—单要素承载力—综合承载力"为研究主线，采用 CiteSpace 对城市承载力研究文献进行科学计量分析和知识图谱分析，探究城市承载力研究的总体特征、研究热点和前沿动态。以重庆市为研究区域进行实证研究，综合运用生态足迹法、"可能–满意度"法、层次分析法、熵值法、最小数据集、模糊数学、综合评价法等，对城市人口承载力、城市经济承载力、城市环境承载力、城市公共服务承载力、城市资源承载力等单要素承载力进行评价，明晰重庆市城市综合承载力的限制性因素。根据城市综合承载力理论内涵，建立涵盖人口、资源、环境、经济、基础设施、公共服务等方面的城市综合承载力评价指标体系和评价方法，揭示重庆市城市综合承载力水平的时间变化特征和空间演化规律。

　　本书可供经济学、生态学、环境科学、地理学等领域的科技工作者和高校学生，以及城乡城市规划、生态环境、自然资源等领域的管理人员参考。

前言

　　城市是指以非农业活动和非农业人口为主的人类聚居地。城市通常是一个国家或地区的经济、文化、商业、金融、医疗、教育、科学技术、交通等社会经济活动的中心。2008年，全球城市人口第一次超过了农村人口。这一里程碑标志着全新的"城市千年"的到来，预计到2050年，世界人口的三分之二将生活在城市地区。目前一半以上的人类居住在城市，城市居民人数每年增长近7 300万，据估计，城市地区将创造全世界70%的国内生产总值，进一步带来城市的经济增长和繁荣。但是，城市化在促进人类社会经济快速发展的同时，也造成了环境污染和生态退化问题，如大气污染、内陆河流和海洋水污染、自然资源枯竭、土地利用/土地覆被变化、生物多样性减少以及全球气候变化等问题。这些问题对城市居民健康、城市及其周边生态系统和全球生态系统产生了显著的负面影响。

　　成渝地区由于具有独特的区位优势、丰富的资源条件和重要的战略地位，成为推动我国重大区域战略融合发展的城市群之一，其发展备受各界广泛关注。我国先后制定了《成渝经济区区域规划》《成渝城市群发展规划》和《成渝地区双城经济圈建设规划纲要》，以重庆、成都为核心的成渝地区双城经济圈成为我国继长三角、粤港澳、京津冀之后打造的第四个高质量发展重要增长极。我国已转向高质量发展阶段，共建"一带一路"、长江经济带发展、西部大开发等重大战略深入实施，供给侧结构性改革稳步推进，扩大内需战略深入实施，为成渝地区新一轮发展赋予了全新优势、创造了重大机遇。但是，随着成渝地区城市化和工业化的飞速发展，城市用地日趋紧张，经济社会结构失衡，资源环境约束进一步趋紧，生态环境问题日益突出，严重制约了该地区自然资源的可持续利用，以及城市经济、社会、生态和文化的可持续发展。在这样的背景下，亟需对如何提升重庆市城市单要素承载力和城市综合承载力，支撑成渝地区成为西部地区高质量发展的重要增长极这一问题展开相关理论和实践研究。

城市综合承载力问题是城市可持续发展理论研究的重要内容之一。城市综合承载力与城市可持续发展是一脉相承的，城市综合承载力的不断提高是实现城市可持续发展的必要条件。城市综合承载力是成渝地区双城经济圈建设的重要支撑。开展重庆市城市综合承载力研究，正确把握城市综合承载力的主要制约因素，对丰富和发展城市综合承载力的研究内容，提高该地区城市综合承载力有着非常重要的作用，能够为国家和地方政府的重大发展决策提供科学依据，具有重要的理论意义和现实意义。由于城市综合承载力的系统性，城市人口承载力、城市经济承载力、城市环境承载力、城市公共服务承载力、城市资源承载力等单要素承载力具有差异性特点，所以，相关研究存在城市综合承载力评价理论欠缺、山地城市研究明显不足等问题，尤其是一些重要科学问题尚未解决：针对不同地区、多要素的城市综合承载力，应该从哪些方面进行评价，即评价指标该有哪些？对不同要素在同一区域的承载力如何进行比较评价，对同一要素的承载力在空间上的差异如何进行评价，即评价方法有哪些？山地城市综合承载力的限制性因素有哪些？

本书从三方面展开研究：一是采用 CiteSpace 对城市承载力研究文献进行科学计量分析和知识图谱分析，探究城市承载力研究的总体特征、研究热点和前沿动态。二是以重庆市为研究区域进行实证研究，综合运用生态足迹法、"可能-满意度"法、层次分析法、熵值法、最小数据集、模糊数学、综合评价法等，对城市人口承载力、城市经济承载力、城市环境承载力、城市公共服务承载力、城市资源承载力等单要素承载力进行评价。三是根据城市综合承载力理论内涵，建立涵盖人口、资源、环境、经济、基础设施、公共服务等方面的城市综合承载力评价指标体系和评价方法，揭示重庆市城市综合承载力水平的时间变化特征和空间演化规律。

本书采用理论和实证相结合的研究框架。第 1 章对城市综合承载力研究的背景及意义进行了阐述，提出本书的主要研究内容和研究框架；第 2 章对城市承载力的概念、理论和政策进行了梳理，采用 CiteSpace 对城市承载力研究文献进行科学计量分析和知识图谱分析；第 3 章结合生态足迹法和"可能-满意度"法进行了重庆市人口承载力评价，预测了重庆市适度人口规模；第 4 章阐述了城市经济承载力的概念、内涵和基本理论，构建城市经济承载力评价指标体系与评价方法，对重庆市经济承载力水平进行评价；

第 5 章结合山地城市的资源和环境特征，构建山地城市环境承载力"压力—状态—响应"评价指标体系和评价模型，评价重庆市环境承载力水平；第 6 章对城市公共服务承载力评价相关理论进行了梳理，构建城市公共服务承载力评价指标体系，运用熵值法评价了重庆市公共服务承载力水平；第 7 章构建了城市资源承载力评价的三维生态足迹模型，对重庆市不同时间段三维生态足迹与自然资本存流量占用情况进行综合评价；第 8 章构建城市综合承载力评价指标体系，运用因子分析法筛选最小数据集，结合模糊数学理论和加权求和评价重庆市城市综合承载力水平。

本书主要是对作者已有研究工作的总结，相关的科学问题并没有完全解决，还存在评价指标体系与评价方法的验证和推广不够、城市综合承载力缺少预警评价等不足之处，相关研究将在深度和广度上继续开展。同时，由于成书时间仓促，书中难免有遗漏之处，敬请读者批评指正。

另外，本书的出版得到了重庆工商大学商科国际化特色项目、重庆市教委人文社会科学研究项目（16SKGH096）和重庆市社会科学规划项目（2021NDYB046）的联合资助，以及西南财经大学出版社林伶编辑的大力支持，在此一并致谢！

代富强

2021 年 12 月 28 日于重庆南山

目录

1 绪论

1.1 研究背景及意义

1.1.1 研究背景

1. SDGs 为城市可持续发展提出了新目标

城市是指以非农业活动和非农业人口为主的人类聚居地。城市通常是一个国家或地区的经济、文化、商业、金融、医疗、教育、科学技术、交通等社会经济活动的中心。2008 年，全球城市人口第一次超过了农村人口。这一里程碑标志着全新的"城市千年"的到来，预计到 2050 年，世界人口的三分之二将生活在城市地区。一半以上的人类将居住在城市，城市居民人数每年增长近 7 300 万，据估计，城市地区将创造全世界 70% 的国内生产总值，进一步带来城市的经济增长和繁荣。但是，城市化在促进人类社会经济快速发展的同时，也造成了环境污染和生态退化问题，如大气污染、内陆河流和海洋水污染、自然资源枯竭、土地利用/土地覆被变化、生物多样性减少以及全球气候变化等问题。这些问题对城市居民健康、城市及其周边生态系统和全球生态系统产生了显著的负面影响。随着城市化地区和城镇人口在全球各个地区的持续发展，城市化进程及其相关的城市规划、交通系统、公共服务设施、废物管理、防灾减灾、医疗、教育等都成为城市可持续发展的热点问题。

2015 年 9 月，联合国提出了涵盖经济、社会、环境三大领域的 17 项可持续发展的目标（sustainable development goals，SDGs）及 169 项具体目标，要求世界各国到 2030 年实现经济增长、社会包容与环境美好的三位一体协调发展。其中，SDG11 是关于城市可持续发展的目标，重点是使城市和人类社区具有包容性、安全性和可持续性，同时有抵御灾害的能力。具体目标包括：①向所有人提供适当住房；②改善人类居住区管理；③促进可持续的土地利用规划和管理；④促进提供完善的生态环境基础设施；⑤促进完善人类居住区可持续的能源和运输系统；⑥促进灾害易发地区的人类居住区规划和管理；⑦促进可持续的城市规划和绿色建筑；⑧促进人力资源开发和能力建设，以促进人类居住区发展。

2021 年是推动全球在实现可持续发展目标上采取行动的重要一年，三大缔约方会议（conference of the parties，COP）中关于联合国《生物多样性公约》和《联合国气候变化框架公约》的大会相继召开。2021 年 10 月 11 日，联合国《生物多样性公约》缔约方大会第十五次会议（COP15）第一阶段会议在云南昆明以线上线下相结合的方式举行。领导人峰会上，习近平主席阐述了"要共建什么样的地球生命共同体"这个时代之问，提出构建人与自然和谐共生、经济与环境协同共进、民生福祉多面共赢、世界各国共同发展的地球家园，为全球环境治理指明了方向。2021 年 11 月 1 日，《联合国气候变化框架公约》第二十六次缔约方大会（UNFCCC COP）在格拉斯哥举行。习近平主席指出，当前，气候变化不利影响日益显现，全球行动紧迫性持续上升。如何应对气候变化、推动世界经济复苏，是我们面临的时代课题。习近平主席提出三点建议：第一，维护多边共识。应对气候变化等全球性挑战，多边主义是良方。《联合国气候变化框架公约》及其《巴黎协定》是国际社会合作应对气候变化的基本遵循。各方应该在已有共识基础上，增强互信，加强合作，确保格拉斯哥大会取得成功。第二，聚焦务实行动。行动，愿景才能变为现实。各方应该重信守诺，制定切实可行的目标和愿景，并根据国情尽己所能，推动应对气候变化举措落地实施。发达国家不仅自己要做得更多，还要为发展中国家做得更好提供支持。第三，加速绿色转型。要以科技创新为驱动，推进能源资源、产业结构、消费结构转型升级，推动经济社会绿色发展，探索发展和保护协同的新路径。

2. 我国新型城镇化和新发展理念对城市可持续发展提出了新要求

城镇化是伴随工业化发展、非农产业在城镇集聚、农村人口向城镇集中的自然历史过程，是人类社会发展的客观趋势，是国家现代化的重要标志。根据《2020/2021 中国城市状况报告》，改革开放以来，我国经历了人类历史上最大规模、速度极快的城镇化进程。1978—2020 年，我国城镇常住人口从 1.72 亿增长到 9.02 亿，年均增加 1 738 万人；常住人口城镇化率从 17.92% 提升至 63.89%，年均增长 1.09%；按照现行贫困标准计算，我国 7.7 亿农村贫困人口摆脱贫困，占同期全球减贫人口 70% 以上，提前 10 年实现《联合国 2030 年可持续发展议程》减贫目标。

《国家新型城镇化规划（2014—2020 年）》提出，要以人的城镇化为核心，走以人为本、四化同步、优化布局、生态文明、文化传承的中国特色新型城镇化道路。城镇化是推动区域协调发展的有力支撑。改革开放以来，我国东部沿海地区率先开放发展，形成了京津冀、长江三角洲、珠江三角洲等一批城市群，有力推动了东部地区快速发展，这些城市群也成为国民经济重要的增长极。但与此同时，中西部地区发展相对滞后，一个重要原因就是城镇化发展很不平衡，中西部城市发育明显不足。成渝城市群还存在布局不合理、内部协同发展不够、集聚效应不明显等问题。重庆市中心城市人口压力偏大，与城市综合承载力之间的矛盾加剧。成渝地区的城镇化应该以城市综合承载力为支撑，提升城市可持续发展水平。

党的十八届五中全会在谋划"十三五"时期经济社会发展规划时，首次提出"创新、协调、绿色、开放、共享"的新发展理念。创新是城镇化的核心动力，顺应科技进步和产业变革新趋势，发挥城市创新载体作用，依托科技、教育和人才资源优势，推动城市走创新驱动发展道路。协调是区域持续健康发展的内在要求，加快城镇化进程，培育形成新的增长极，有利于推动区域协调发展。绿色是城市可持续发展的前提，把生态文明理念全面融入城镇化进程，节约集约利用自然资源，强化环境保护和生态修复，减少对自然的干扰和损害，推动形成绿色低碳的生产生活方式和城市建设运营模式。开放是城镇化的必由发展路径，特别是对于成渝城市群要加大对内对外开放力度，有序承接国际及沿海地区产业转移，构建现代产业体系。共享是中国特色城镇化道路的基本要求，建立城市群成本共担和利益共享机制，促进基础设施和公共服务设施共建共享，促进创新资源高效配置和开放共享，实现城市群一体化发展。

3. 成渝地区协同发展和打造高质量发展重要增长极的战略需求

成渝地区由于具有独特的区位优势、丰富的资源条件和重要的战略地位，成为推动我国重大区域战略融合发展的城市群之一，发展备受各界广泛关注。特别是，我国先后制定了《成渝经济区区域规划》《成渝城市群发展规划》和《成渝地区双城经济圈建设规划纲要》，明确了成渝地区 2011—2021 年不同时期的战略定位和发展目标。以重庆、成都为核心的成渝地区双城经济圈成为国家继长三角、粤港澳、京津冀之后打造的第四个高质量发展重要增长极。根据《成渝经济区区域规划》，成渝经济区包括重庆市的 31 个区（县）和四川省的 15 个市，区域面积达 20.6 万平方公里。规划的目的是进一步加快成渝经济区发展，深入推进西部大开发，促进全国区域协调发展。根据《成渝城市群发展规划》，成渝城市群包括重庆市的 27 个区（县）以及开县、云阳的部分地区和四川省的 15 个市，总面积达 18.5 万平方公里，2014 年常住人口 9 094 万人，地区生产总值 3.76 万亿元，分别占全国的 1.92%、6.65% 和 5.49%。规划为推动"一带一路"建设和长江经济带建设契合互动，有利于加快中西部地区发展、拓展全国经济增长新空间，有利于保障国土安全、优化国土布局。

经过近十年的快速发展，成渝地区以重庆、成都为核心的辐射带动作用持续提升，城镇布局和结构日趋合理，产业体系日渐完善，公共服务均等化水平显著提高，资源环境承载力进一步增强。"十三五"期间，地区生产总值年均增长 8% 以上，社会消费品零售总额年均增长 10% 以上，常住人口城镇化率超过 60%，常住人口规模、地区经济总量占全国比重持续上升，呈现重庆和成都双核协同发展的良好态势。成渝地区逐渐成为带动西部地区发展，破解区域发展不平衡、不充分问题的新引擎。但是，总体来看，成渝地区综合实力和竞争力仍与东部发达地区存在较大差距，特别是基础设施、城镇规模结构、产业链分工协同、科技创新、城乡发展、生态环境保护、民生保障等方面还存在一些薄弱环节和短板。在此背景下，国家 2021 年制定了《成渝地区双城经济圈建设规划纲要》。成渝地区双城经济圈包括重庆市的 27 个区（县）以及开县、云阳的部分地区和四川省的 15 个市，总面积达 18.5 万平方公里，2019 年常住人口 9 600 万人，地区生产总值近 6.3 万亿元，分别占全国的 1.9%、6.9%、6.3%。规划有利于在西部地区形成高质量发展的重要增长极，增强人口和经济承载力；有助于打造内陆开放战略高地和参与国际竞争的新基地，助推形成陆海内外联动、东西双向互济的对外开放新格局；有利于吸收生态功能区人口向城市群集中，使西部地区形成优势区域重点发展、生态功能区重点保护的新格局，保护长江上游和西部地区生态环境，增强空间治理和保护能力。

1.1.2　研究意义

1. 城市综合承载力是城市可持续发展研究的重要内容

城市综合承载力问题是城市可持续发展理论研究的重要内容之一。城市可持续发展如何与城市综合承载力相协调，不仅关系到城市未来自身的命运，也关系到其周边地区能否顺利实现可持续发展的目标（傅鸿源 等，2009）。李东序等（2008）认为，城市综合承载力是指一定时期、一定空间区域和一定的社会、经济、生态环境条件下，城市资源所能承载的人类各种活动的规模和强度的阈值。吕斌等（2008）认为，城市综合承载能力是一个具有"能力"内涵的概念，反映城市在不产生任何破坏时所能承受的最大负荷，即城市的资源禀赋、生态环境和基础设施对城市人口和经济社会活动的承载能力。孔凡文等（2012）认为，城市综合承载力是指在不同时间尺度上，不同城市的资源和发展条件在满足人们一定需求水平下所能承载的人口数量。陈金英等（2013）提出，城市综合承载力本质上是通过各承载体的承载能力来实现的，并与承载体强弱成正相关关系，但并不是各承载体承载能力的简单相加，而是由各承载体的有机组合来表达的。石忆邵等（2013a）认为，城市综合承载力是指在一定的经济、社会和技术水平条件下，以及在一定的资源和环境约束下，某一城市的土地资源所能承载的人口数量及人类各种活动的规模和强度的阈值。从以上学者的定义可以看出，城市综合承载力与城市可持续发展是一脉相承的。城市综合承载力是城市可持续发展的重要支撑，城市综合承载力的不断提高是实现城市可持续发展的必要条件，本身也是城市可持续发展能力的重要组成部分。可持续发展理论为城市综合承载力研究提供了理论基础，要求城市综合承载力不但要考虑人口、资源、环境、经济等单要素承载力，更要注重人口、资源、环境与经济的协调发展问题。因此，城市综合承载力是可持续发展理论在城市系统的具体体现和应用，是城市可持续发展的重要研究内容。

2. 城市综合承载力是成渝地区双城经济圈建设的重要支撑

2019 年中央经济工作会议明确提出了提高中心城市和城市群综合承载能力的战略任务。城市综合承载力本质上是某一特定区域承载的人口数量及其社会经济活动的规模和强度，具体表现为资源、生态、环境、基础设施、公共服务等对区域经济社会发展的支撑能力。城市群（经济圈或经济区）是综合承载力的主要空间形式。成渝地区双城经济圈位于"一带一路"和长江经济带交汇处，是西部陆海新通道的起点，具有连接西南西北，沟通东亚与东南亚、南亚的独特优势。成渝地区已经成为西部地区经济社会发展、生态文明建设、改革创新和对外开放的重要引擎，是新形势下促进区域协调发展，形成优势互补、高质量发展区域经济布局的重大战略支撑。《成渝经济区区域规划》《成渝城市群发展规划》和《成渝地区双城经济圈建设规划纲要》明确提出，要增强人口和经济承载力，形成功能完备、布局合理、大中小城市和小城镇协调发展的城镇体系，城镇综合承载力得到有效增强。但是，随着成渝地区城市化和工业化的飞速发展，城市用地日趋紧张，经济社会结构失衡，资源环境约束进一步趋紧，生态环境问题日益突出，严重制约了该地区自然资源的可持续利用及城市经济、社会、生态和文化的可持续发展。因此，开展成渝地区双城经济圈城市综合承载力研究，正确把握城市综合承载力的主要制约因素，对丰富和发展城市综合承载力的研究内容，提高该地区城市综合承载力起着非常重要的作用，能够为国家和地方政府的重大发展决策提供科学依据，具有重要的理论意义和现实意义。

3. 城市综合承载力提升是重庆打造区域增长极的迫切需要

面对当前我国区域经济发展出现的新情况、新问题，习近平总书记强调，要增强中心城市和城市群等经济发展优势区域的经济和人口承载能力，推动形成优势互补高质量发展的区域经济布局。重庆市作为成渝地区双城经济圈的双核之一，具有直辖市和资源聚集优势，具有带动区域经济高质量发展的作用。提升重庆市城市综合承载力，有利于发挥协同辐射带动作用，以点带面、推动区域均衡发展，以城带乡、有效促进乡村振兴，形成特色鲜明、布局合理、集约高效的城市群发展格局。有利于发挥重庆市的空间规模效应、技术外溢效应与市场竞争优势，促进人才等要素向资本回报率高的空间集聚，以创新驱动和改革开放为两个轮子，激发创新活力，挖掘增长潜力，提高整体竞争力，加快形成现代化产业体系。"十三五"以来，重庆市的辐射带动作用显著提升，到 2020 年地区生产总值达到 2.5 万亿元，年平均增长 7.2%，常住人口城镇化率达到 68%。根据世界城市演化规律，重庆市距离发达国家 70%~80% 的城镇化率水平还有一定的距离。但是，重庆市综合实力和竞争力仍与东部发达地区存在较大差距，基础设施瓶颈依然明显，城镇规模结构不尽合理，产业能级还不够高，科技创新支撑能力偏弱，适应高质量发展要求的体制机制还不健全，城乡区域发展差距仍然较大，生态环境保护任务艰巨，民生保障还存在不少短板，社会治理有待加强。因此，根据支撑重庆市人口及其社会经济活动可持续发展的单要素承载力出发，正确把握城市综合承载能力的主要制约因素，建立城市综合承载能力评价指标体系与方法，为重庆市城市综合承载力提升和可持续发展提供决策依据和参考，具有重要的理论意义和实践意义。

1.2　本书的研究目标、主要内容和研究方法

1.2.1　本书的研究目标

本书以城市综合承载力"理论研究→单要素承载力→综合承载力"为研究主线，采用 CiteSpace 对城市承载力研究文献进行科学计量分析和知识图谱分析，探究城市承载力研究的总体特征、研究热点和前沿动态。以重庆市为研究区域进行实证研究，综合运用生态足迹法、"可能-满意度"法、层次分析法、熵值法、最小数据集、模糊数学、综合评价法等，开展城市人口承载力、城市经济承载力、城市环境承载力、城市公共服务承载力、城市资源承载力等单要素承载力评价，明晰重庆市城市综合承载力的限制性因素。根据城市综合承载力理论内涵，建立涵盖人口、资源、环境、经济、基础设施、公共服务等方面的城市综合承载力评价指标体系和评价方法，揭示重庆市城市综合承载力水平的时间变化特征和空间演化规律。主要目标有：

（1）认识城市承载力研究的总体特征、研究热点和前沿动态；

（2）构建城市人口承载力评价"可能-满意度"模型，确定重庆市适度人口规模及其影响因素；

（3）建立城市经济承载力评价指标体系与评价模型，明晰重庆市经济承载力时间变化和空间分布特征；

（4）建立城市环境承载力评价指标体系与 PSR 评价模型，明晰重庆市环境承载力整体和结构变化特征；

（5）建立城市公共服务承载力评价指标体系与评价模型，明晰重庆市公共服务承载力的区域差异和变化特征；

（6）建立城市资源承载力评价的三维生态足迹模型，明晰重庆市资源承载力变化特征及其影响因素；

（7）建立城市综合承载力评价指标体系，构建最小数据集和模糊函数，明晰重庆市城市综合承载力时间变化和空间异质性特征。

1.2.2　本书的主要内容

考虑到城市综合承载力的系统性，城市人口承载力、城市经济承载力、

城市环境承载力、城市公共服务承载力、城市资源承载力等单要素承载力的差异性特点，针对城市综合承载力评价理论欠缺、山地城市研究明显不足等问题，为适应成渝地区双城经济圈建设的迫切需求，本书的研究内容包括以下 7 个方面：

（1）城市承载力研究进展与发展趋势。在系统梳理城市承载力相关概念、理论基础和相关政策的背景下，以 CNKI 数据库中城市承载力文献检索记录为基础，采用 CiteSpace 对城市承载力研究文献进行科学计量分析和知识图谱分析，探究城市承载力研究的年际分布、学科分布、期刊分布、机构分布、作者分布特征，总结城市承载力的研究热点和前沿动态。

（2）山地城市人口承载力评价。立足于人口与生态系统的协调发展和人口规模与经济、社会发展水平适应性，采用生态足迹方法计算重庆市资源消费与生产的生物生产性土地面积需求，分析消费足迹和生产足迹的构成和变化趋势。结合生态足迹法和"可能-满意度"法，在生态承载力约束下，构建 4 个生态足迹的情景方案来预测重庆市适度人口规模。

（3）山地城市经济承载力评价。在分析城市经济承载力评价意义和必要性的基础上，梳理经济承载力的概念、内涵和基本理论，构建城市经济承载力评价指标体系与评价方法，对重庆市经济承载力水平进行评价，利用探索性空间数据分析和 GIS 可视化制图对重庆市经济承载力水平空间分布特征进行分析。

（4）山地城市环境承载力评价。基于环境承载力评价的 PSR 概念模型，结合山地城市的资源和环境特征，构建山地城市环境承载力"压力—状态—响应"评价指标体系和评价模型，评价重庆市环境承载力水平，分析重庆市环境承载力时间变化特征和内部结构特征以及变化过程。

（5）山地城市公共服务承载力评价。立足于城市公共服务承载力评价的背景，系统梳理城市公共服务承载力评价的基本理论，构建城市公共服务承载力评价指标体系，运用熵值法确定评价指标权重，评价重庆市公共服务承载力水平，分析重庆市公共服务承载力的区域差异和时间变化趋势。

（6）山地城市资源承载力评价。在系统梳理资源承载力研究进展的基础上，构建资源承载力评价的三维生态足迹模型，对重庆市不同时间段三维生态足迹与自然资本存流量占用情况进行综合评价，运用空间分析方法探究重庆市三维生态足迹的时空变化特征，采用主成分分析法与线性回归模型分析重庆市三维生态足迹变化的影响因素。

（7）山地城市综合承载力评价。本部分构建城市综合承载力评价指标体系，包括人口、资源、环境、经济、基础设施、公共服务 6 个准则层和

25个三级指标。通过因子分析法完成重庆市城市综合承载力评价指标的筛选，建立城市综合承载力评价的最小数据集。同时，利用模糊数学理论获取单项评价指标的隶属度，结合加权求和方法计算城市综合承载力指数。

1.2.3　本书的研究方法

本书注重环境科学、生态学、地理学与经济学的多学科交叉，采用归纳分析与演绎分析相结合、实证分析与理论分析相结合、定性分析与定量研究相结合的研究方法，通过多元数据的规范和集成，从单要素承载力和城市综合承载力评价重庆市城市承载力水平。具体研究方法如下：

（1）归纳分析与演绎分析相结合。在城市综合承载力限制性因素研究中，根据城市人口承载力、城市经济承载力、城市环境承载力、城市公共服务承载力、城市资源承载力等单要素承载力评价结果，通过归纳分析探究重庆市城市承载力的短板因素。在实证和对策研究中，将演绎和归纳分析并用，得出重庆市城市综合承载力空间集聚特征和变化趋势。

（2）实证分析与理论分析相结合。在单要素承载力评价和城市综合承载力评价中，以重庆市为案例区域开展实证研究，主要采用生态足迹法、"可能-满意度"法、层次分析法、熵值法、最小数据集、模糊数学、综合评价法等。在对策建议研究中，结合城市承载力相关理论和重庆市实际情况，通过理论分析提出切实可行的对策建议。

（3）定性分析与定量研究相结合。在单要素承载力评价和城市综合承载力评价的理论梳理中，采用定性的归纳分析方法。在单要素承载力评价和城市综合承载力评价的实证研究中，采用生态足迹法、"可能-满意度"法、层次分析法、熵值法、最小数据集、模糊数学、综合评价法等定量研究方法。

1.3　小结

第1章为本书的绪论，首先论述了山地城市综合承载力的研究背景和研究意义，认为SDGs为城市可持续发展提出了新目标，我国新型城镇化和新发展理念为城市可持续发展提出了新要求，同时也是出于成渝地区协同发展和打造高质量发展重要增长极的战略需求。城市综合承载力是可持续发展理论在城市系统的具体体现和应用，是城市可持续发展的重要研究内容。

开展成渝地区双城经济圈城市综合承载力研究，正确把握城市综合承载力的主要制约因素，对丰富和发展城市综合承载力的研究内容，提高该地区城市综合承载力有着非常重要的作用。重庆市作为成渝地区双城经济圈的双核之一，开展重庆市城市综合承载力研究，为重庆市综合承载力提升和可持续发展提供决策依据和参考，具有重要的理论意义和实践意义。因此，本书以城市综合承载力"理论研究→单要素承载力→综合承载力"为研究主线，采用 CiteSpace 对城市承载力研究文献进行科学计量分析和知识图谱分析，探究城市承载力研究的总体特征、研究热点和前沿动态。以重庆市为研究区域进行实证研究，综合运用生态足迹法、"可能-满意度"法、层次分析法、熵值法、最小数据集、模糊数学、综合评价法等，开展城市人口承载力、城市经济承载力、城市环境承载力、城市公共服务承载力、城市资源承载力等单要素承载力评价和城市综合承载力评价，明晰重庆市城市综合承载力水平的时间变化特征、空间演化规律和限制性因素。

2 城市承载力研究
进展与发展趋势

改革开放以来，伴随着工业化进程加速，我国城镇化经历了一个起点低、速度快的发展过程。1978—2013 年，我国城镇常住人口从 1.7 亿人增加到 7.3 亿人，城镇化率从 17.9% 提升到 53.7%，2020 年城镇化率达 63.89%。城镇化是伴随工业化发展，非农产业在城镇集聚、农村人口向城镇集中的自然历史过程，是人类社会发展的客观趋势，是国家现代化的重要标志。按照建设中国特色社会主义五位一体总体布局，顺应发展规律，因势利导，趋利避害，积极稳妥扎实有序推进城镇化，对加快社会主义现代化建设进程、实现中华民族伟大复兴的中国梦，具有重大现实意义和深远历史意义。城镇化是我国实现现代化的必由之路，为保持经济持续健康发展提供强大动力，驱动传统产业升级和新兴产业发展，进一步增强以工促农、以城带乡能力，加快农村经济社会发展，推动人口经济布局更加合理、区域发展更加协调，从而有利于促进人的全面发展和社会和谐进步。

但是，在城镇化快速发展过程中，也产生了一些与城市承载力不匹配甚至"超载"的问题。一是城镇空间分布和规模结构不合理，与资源环境承载能力不匹配。东部一些城镇密集地区资源环境约束趋紧，中西部资源环境承载能力较强地区的城镇化潜力有待挖掘；城市群布局不尽合理，城市群内部分工协作不够、集群效率不高；部分特大城市主城区人口压力偏大，与城市综合承载能力之间的矛盾加剧。二是城市管理服务水平不高，"城市病"问题日益突出。一些城市空间无序开发、人口过度集聚，重经济发展、轻环境保护，重城市建设、轻管理服务，交通拥堵问题严重，公共安全事件频发，城市污水和垃圾处理能力不足，大气、水、土壤等环境污染加剧，城市管理运行效率不高，公共服务供给能力不足，城中村和城乡接合部等外来人口集聚区人居环境较差。

从全球来看，快速城镇化促进了世界各国经济高速增长和社会全面进步,人们的物质生活水平得到显著提高。随着世界不同领域的不断发展,城镇化率持续提升,但也带来了许多全球性环境问题,而这些问题带来的挑战也变得更加复杂。最近的研究表明,我们正在经历人类有史以来最严重的全球环境问题,例如人口过剩、快速城市化、温室效应和全球变暖、生物多样性丧失、荒漠化、臭氧层消耗、酸雨、石油泄漏、倾倒危险物质和废物,这些环境问题被认为是地球支撑能力下降或地球"超载"引起的一些反馈。城市已经成为人类的主要聚居地和活动空间,城市可持续发展也受到地理、建筑、经济、人口等各领域研究者的广泛关注。

2.1 城市承载力相关概念与理论基础

2.1.1 相关概念

承载力原本是物理力学中的一个概念,指物体在不产生任何破坏时所能承受的最大负荷(吕光明 等,2009)。承载力理论起源于人口统计学、应用生态学和种群生物学,最早可以追溯 1798 年的马尔萨斯人口论。在 200 多年的发展过程中承载力理论取得了长足的发展,各个时期生态学及其他相关学科最新、最前沿的理论研究成果都被吸纳和应用于承载力的分析与研究中,其应用范围也越来越广,从以生物种群增长规律研究逐渐转向人类经济社会发展面临的实际问题。但与此同时承载力理论方法也不断地受到批评、质疑甚至否定,承载力研究也几乎涉及或引发了各个时期生态学最激烈的学术争论,这些争论在 200 多年的时间里一直没有停息过(张林波 等,2009)。

"承载力"一词最早出自种群生物学,用来衡量特定区域在某一环境条件下可维持某一物种个体的最大数量。1921 年,帕克和伯吉斯就在人类生态学杂志上,提出了生态承载力的概念,即某一特定环境条件下(主要指生存空间、营养物质、阳光等生态因子的组合),某种个体存在数量的最高极限。如今,随着承载力概念的广泛应用,其在环境、经济和社会的各个领域都得到了不同程度的延伸,产生了各种各样不同视角的承载力概念(郭秀锐 等,2000)。从生态学的角度,承载力可以简单地定义为在一定时间和条件下,一个生态系统可以支持或维持的最大物种数量。从物理学的角度,承载力表示一个物理系统在发生故障之前可以承受的最大压力或负荷。当一个生态系统或物理系统无法承受来自外在的压力和负载时，系统就会失去平衡甚至崩溃。一个区域的承载力是指在特定条件下该地区能够承载的极限人口数量。如果越过这个界限，自然界就会通过多种压力形式进行反馈，从而对人类社会经济发展造成负面影响。这些压力可以是环境污染、生态退化、自然灾害等形式。19世纪80年代后期至20世纪初期，生态学中的承载力概念被拓展并应用到土地资源承载力中，如研究现存土地到底可养活多少人口？20世纪60年代后，承载力的概念不断地延展，并被应用到整个自然界乃至人类社会领域，而且在不同的发展阶段，承载力的概念和意义也发生着相应的变化。由此承载力被应用于各学科的研究，土地资源承载力、森林资源承载力、矿产资源承载力、水资源承载力、生物承载力、环境资源承载力等概念迭出（石忆邵 等，2013a）。

资源承载力是指一个国家或一个地区资源的数量和质量，对该空间内人口的基本生存和发展的支撑力，是可持续发展的重要体现（景跃军 等，2006）。

国内较严格的"环境承载力"的概念最早出现在《福建省湄洲湾开发区环境规划综合研究总报告》中，即"在某一时期、某种状态或条件下，某地区的环境所能承受的人类活动的阈值"。这里，"某种状态或条件"是指现实的或拟定的环境结构不发生明显向不利于人类生存的方向改变的前提条件。所谓"能承受"是指不影响环境系统正常功能的发挥。由于环境所承载的是人类的活动（主要指人类的经济活动），因而承载力的大小可以用人类活动的方向、强度、规模等来表示（郭秀锐 等，2000）。

城市经济承载力是基于可持续发展目标，城市在资源条件和环境容量约束下经济巨系统充分发展所能承载最大经济规模的能力。经济承载力的特征突出地表现为：资源环境容量的不可突破性和发展经济的最大能动性，即具有刚性约束内的弹性标尺，正是这两种力量的相互联系、相互制约，构成了经济承载力系统演替的根本动因（狄乾斌 等，2016）。

土地资源承载力反映了在一定土地生产力条件下能够供养在一定生活水平下的人口数量，是长期以来国内外学者研究的热点。在国外，英国人口学家马尔萨斯在其经典著作《人口学原理》中探讨了土地资源、食物供应和人口规模之间的关系，开启了土地资源承载研究的先河；福格特等把生态学上的承载力概念进一步延伸，明确提出土地资源承载力是指土地提供饮食和住所的能力。

王宇峰等（2005）提出城市生态系统承载力概念，并将其定义为：在正常情况下，城市生态系统维系其自身健康、稳定发展的潜在能力，主要表现为城市生态系统对可能影响甚至破坏其健康状态的压力产生的防御能力、在压力消失后的恢复能力及为达到某一适宜目标的发展能力。赵淑芹等（2006）提出，城市土地综合承载指数不仅是自然地理环境特点和区位条件的反映，也取决于人类社会、经济技术的发展水平及人类对于土地资源的有效利用和生态环境的改善状况。蓝丁丁等（2007）认为，城市土地资源承载力是指在一定时期，一定空间区域，一定的社会、经济、生态环境条件下，城市土地资源所能承载的人类各种活动的规模和强度的阈值。金磊等（2008）认为城市安全容量可进一步确切定义为城市承载力，指城市灾害在一段时期内不会对城市环境、社会、文化、经济等安全保障系统带来无法接受的不利影响的最高限度，可将之量化为城市对灾害的最大容忍度。

城市群综合承载力是衡量城市群系统协调发展及可持续发展能力的重要指标，准确认识和评价城市群综合承载力，是优化提升城市群可持续发展能力的基础，有助于政策制定者在不降低长期可持续性的前提下确定当期城市群发展的最佳水平，对实现城市群的可持续发展具有重要的现实意义。随着城市化进程的加快，人类正面临着资源、人口、经济、生态环境等问题。城市是人口分布、资源消耗和环境污染的集中区域，是一个区域社会经济发展的重要载体，城市可持续发展是区域可持续发展的重要内容。随着城市人口的急剧增长及城市规模的迅速扩张，城市综合承载力对城市发展的约束日益引起人们的关注。城市可持续发展如何与城市综合承载力相协调，不仅关系到城市未来自身的命运，也关系到其周边地区能否顺利实现可持续发展的目标（傅鸿源 等，2009）。与资源承载力、环境承载力等单要素承载力相比，城市群综合承载力将单一系统承载能力的定义扩展到协同系统承载能力，其中包括将城市层面的承载力扩展到城市群系统层面和将单一要素承载力扩张到包括自然、经济和社会等综合要素承载力系统。

2.1.2 理论基础

1. 系统论

系统论是研究系统的结构、特点、行为、动态、原则、规律以及系统间的联系，并对其功能进行数学描述的新兴学科。系统论的基本思想是把研究和处理的对象看作一个整体系统来对待。

系统论的主要任务就是以系统为对象，从整体出发来研究系统整体和组成系统整体各要素的相互关系，从本质上说明其结构、功能、行为和动态，以把握系统整体，达到最优的目标。边界是系统的一个基本概念，是系统延展在时间空间范围的界限，任何一个系统实体，无论是物理系统的原子、分子，生物系统的细胞、组织，还是社会系统的城市，都有其一定的时空边界，即系统存在和运行的现实范围。需要指出的是，系统论中的系统边界不是绝对的，而是开放、运动着的，它们是相互区别又相互联系的相对界限，在维持系统整体性的同时也为系统发展提供动力。在系统边界概念的基础上，系统产生了"内部""外部"之分，分别与"系统"自身和"环境"相对应。环境是系统外部条件与关系的总和，也是系统获取和交换物质、能量、信息的主要来源。系统总是存在于一定的环境之中，现实中绝对封闭的系统是不存在的。在系统论中，虽然来自系统内部的相互作用是决定系统性质的根本原因，但是这一过程也离不开与外部环境的互动。稳定的外部环境是维持系统存在与发展的必要条件之一。一般情况下，外部环境的确定性越高，系统自稳能力越强；反之，当外部环境中的不确定性上升时，系统的稳定性也会受到干扰（韩奇，2021）。

2. 城市经济理论

城市发展的经济基础理论是霍伊特在发展前人研究的基础上于 1930 年提出的。这一理论主要是根据对外输出比较利益的观点解释城市经济增长的来源，即城市经济增长是通过本区域对区域以外需要的服务而促使资金流入该地区而实现的。后来经过学者的大量研究和验证，该理论不断成熟和完善，已成为城市经济学中的经典理论。它的应用十分广泛，用以解释城市发展的机制、过程，反映城市经济活动、就业状况等（关皓明 等，2016）。

一个城市的经济活动包括基本活动和非基本活动部分，基本活动指为本城市以外的需要服务的活动，非基本活动指为本城市需要服务的活动，两部分相互依存，基本活动是主导部分，两者需保持一定的比例，协调发展。

城市经济活动分为基本经济活动和非基本经济活动。城市基本经济活动指为城市以外的需要服务、从城市以外为城市创造收入的部分，分为离心型和向心型两种。城市非基本经济活动指满足本城市内部需求、随着基本部分的发展而发展的经济活动，分为满足本市基本部分的生产所派生的需要和为了满足本市居民正常生活所派生的需要。

3. 可持续发展理论

可持续发展是指既满足当代人的需要，又不对后代人满足其需要的能力构成危害的发展，以公平性、持续性、共同性为三大基本原则。可持续发展理论的最终目的是达到共同、协调、公平、高效、多维的发展。1987年，以时任挪威首相（布伦特兰）为主席的联合国世界与环境发展委员会发表了一份报告《我们共同的未来》，正式提出可持续发展概念。报告以此为主题对人类共同关心的环境与发展问题进行了全面论述，受到世界各国政府组织和舆论的极大关注。在1992年联合国环境与发展大会上可持续发展纲领得到与会者的共识与承认。

可持续发展涉及可持续经济、可持续生态和可持续社会三方面的协调统一，要求人类在发展中讲究经济效率、关注生态和谐和追求社会公平，最终达到人的全面发展。这表明，可持续发展虽然缘起于环境保护问题，但作为一个指导人类走向21世纪的发展理论，它已经超越了单纯的环境保护。它将环境问题与发展问题有机地结合起来，已经成为一个有关社会经济发展的全面性战略。可持续发展的基础理论包括：经济学理论、生态学理论、人口承载理论、人地系统理论。核心理论包括：资源永续利用理论、外部性理论、财富代际公平分配理论、三种生产理论。

4. 短板理论

短板理论又称"木桶原理""水桶效应"。该理论由美国管理学家劳伦斯·J. 彼得提出：盛水的木桶是由许多块木板箍成的，盛水量也是由这些木板共同决定的。一个周边高矮不齐的木桶，它的盛水量不取决于最长的木板，而取决于最短的那块木板，故称短板理论。分析研究木桶的短板，可知限制木桶最大储水容量的关键所在，人们常用它来比喻和分析研究限制事物发展的主要矛盾或关键因素。

5. 多目标决策理论

多目标决策是对多个相互矛盾的目标进行科学、合理的选优，然后做出决策的理论和方法。它是20世纪70年代后迅速发展起来的管理科学的一个新分支。多目标决策与只为了达到一个目标而从许多可行方案中选出最佳方案的一般决策有所不同。

从人们在多目标条件下合理进行决策的过程和机制分析，多目标决策的理论主要有：多目标决策过程的分析和描述；冲突性的分解和理想点转移的理论；多属性效用理论；需求的多重性和层次性理论等。它们是构成多目标决策分析方法的理论基础。在多目标决策中，有一部分方案经比较后可以淘汰，称为"劣解"；但还有一批方案既不能淘汰，又不能互相比较，从多目标上考虑又都不是最优解，称为"非劣解"（或称"有效解""帕累托解"）（夏洪胜，1995）。

多目标决策方法主要有化多为少法、分层序列法、直接求非劣解法、目标规划法、多属性效用法、层次分析法、重排序法、多目标群决策、多目标模糊决策、TOPSIS 法等。

2.1.3 相关政策梳理

进入 21 世纪以来，我国出台了一系列促进环境保护、城镇化、区域发展的相关政策，如《全国生态环境保护纲要》《国务院关于进一步推进西部大开发的若干意见》《成渝经济区区域规划》《国家新型城镇化规划（2014—2020 年）》《成渝城市群发展规划》《成渝地区双城经济圈建设规划纲要》等，为成渝地区可持续发展奠定了良好的政策基础。

1.《全国生态环境保护纲要》

2000 年 11 月国务院印发《全国生态环境保护纲要》（以下简称《纲要》）。《纲要》分为当前全国生态环境保护状况，全国生态环境保护的指导思想、基本原则与目标，全国生态环境保护的主要内容与要求，全国生态环境保护的对策与措施 4 部分。《纲要》第 1 部分指出资源不合理开发利用是造成生态环境恶化的主要原因。一些地区环境保护意识不强，重开发轻保护，重建设轻维护，对资源采取掠夺式、粗放型开发利用方式，超过了生态环境承载能力；一些部门和单位监管薄弱，执法不严，管理不力，致使许多生态环境破坏的现象屡禁不止，加剧了生态环境的退化。《纲要》第 2 部分提出应坚持统筹兼顾，综合决策，合理开发。进行资源开发活动必须充分考虑生态环境承载能力，绝不允许以牺牲生态环境为代价，换取眼前的和局部的经济利益。《纲要》第 3 部分提出对生态功能保护区采取保护措施，严格控制人口增长，区内人口已超出承载能力的应采取必要的移民措施；改变粗放生产经营方式，走生态经济型发展道路，对已经破坏的重要生态系统，要结合生态环境建设措施，认真组织重建与恢复，尽快遏制生态环境恶化趋势。坚持旅游资源开发利用的生态环境保护。科学确定旅游区的游客容量，合理设计旅游线路，使旅游基础设施建设与生态环境的承载能力相适应。《纲要》第 4 部分与本节内容关联性较小，此处不展开叙述。

2.《国务院关于进一步推进西部大开发的若干意见》

2004 年 3 月国务院印发《关于进一步推进西部大开发的若干意见》（以下简称《意见》）。《意见》提出十项重点工作。第 5 项重点工作指出，积极推进重点地带开发，加快培育区域经济增长极。贯彻以线串点、以点带面的区域发展指导方针，依托水陆交通干线，重点发展一批中心城市，形成新的经济增长极。积极培育并形成西陇海兰新线经济带、长江上游经济带和南贵昆经济区等重点经济区域。制订区域规划，加大交通、通信、市政等基础设施的建设力度，逐步建成通江达海的骨干交通网络、快速便捷的通信网络和生产要素集聚的城镇体系。发挥中心城市的辐射带动作用，形成区域性的经济、交通、物流、金融、信息、技术和人才中心，带动周围地区和广大农村发展。第 6 项重点工作指出，大力加强科技、教育、卫生、文化等社会事业，促进经济和社会协调发展。加强科技、教育、卫生、文化等社会事业，提高劳动者素质，促进经济社会协调发展，是进一步推进西部大开发的重要任务。要把优先发展教育作为基础性、战略性任务来抓。大力支持西部地区卫生事业发展，加强公共卫生设施建设，完善疾病预防控制体系和医疗救治体系。逐步建立和完善新型合作医疗制度、贫困农民家庭医疗救助制度，建立健全县、乡、村三级卫生服务网络，重点支持以乡镇卫生院为主体的农村医疗设施建设。继续加强西部地区文化艺术、广播影视、新闻出版和农村基层公共文化服务网络和文化设施建设，加强西部地区民族民间传统文化的保护工作。

3. 《西部大开发"十一五"规划》

2007 年 3 月国务院印发《西部大开发"十一五"规划》（以下简称《规划》）。《规划》分为西部大开发进入新阶段，指导思想和主要目标，扎实推进社会主义新农村建设，继续加强基础设施建设，大力发展特色优势产业，引导重点区域加快发展，坚持抓好生态保护和建设、环境保护和资源节约，着力改善基本公共服务，切实加强人才队伍建设，积极扩大对内对外开放，建立健全西部大开发保障机制共 11 部分。

《规划》第 6 部分指出坚持以线串点、以点带面，依托交通枢纽和中心城市，充分发挥资源富集、现有发展基础较好等优势，加快培育和形成区域经济增长极，带动周边地区发展。该部分第 1 条提出推进重点经济区率先发展。要在城市建设、土地管理、人口及劳动力流动、重大基础设施建设和重要产业布局等方面，加强统筹规划和协调，打破地区封锁和市场分割，优化经济发展空间布局，加快建立分工合理、协作配套、优势互补的成渝、关中—天水、环北部湾（广西）等重点经济区，成为带动和支撑西部大开发的战略高地。鼓励南贵昆、呼包银、兰（州）西（宁）等区域依托交通干线，加快形成有特色的城市带。该部分第 2 条提出鼓励城市圈集聚发展。充分发挥省会城市及地区中心城市工业化水平比较高、人口密度较大、知识资源丰富、地理区位条件优越、交通相对便利、自然生态环境相对较好等综合优势，提高城市综合承载能力，发挥聚集效益和带动作用。支持各类国家及省级开发区提高生产制造层次和利用外资水平，带动城市圈产业结构调整和技术升级。在有条件的地方建设国际物流中心和设立保税区，着重发展贸易加工业。

4.《全国主体功能区规划》

2010 年 12 月国务院印发《全国主体功能区规划》（以下简称《规划》）。《规划》提出推进形成主体功能区，就是要根据不同区域的资源环境承载能力、现有开发强度和发展潜力，统筹谋划人口分布、经济布局、国土利用和城镇化格局，确定不同区域的主体功能，并据此明确开发方向，完善开发政策，控制开发强度，规范开发秩序，逐步形成人口、经济、资源环境相协调的国土空间开发格局。推进形成主体功能区，是深入贯彻落实科学发展观的重大举措，有利于推进经济结构战略性调整，加快转变经济发展方式，实现科学发展；有利于按照以人为本的理念推进区域协调发展，缩小地区间基本公共服务和人民生活水平的差距；有利于引导人口分布、经济布局与资源环境承载能力相适应，促进人口、经济、资源环境的空间均衡；有利于从源头上扭转生态环境恶化趋势，促进资源节约和环境保护，应对和减缓气候变化，实现可持续发展；有利于打破行政区划界限，制定实施更有针对性的区域政策和绩效考核评价体系，加强和改善区域调控。

根据资源环境承载能力开发的理念。不同国土空间的主体功能区不同，因而集聚人口和经济的规模不同。生态功能区和农产品主产区由于不适宜或不应该进行大规模高强度的工业化城镇化开发，而难以承载较多消费人口。在工业化城镇化的过程中，必然会有一部分人口主动转移到就业机会多的城市化地区。同时，人口和经济的过度集聚以及不合理的产业结构也会给资源环境、交通等带来难以承受的压力。因此，必须根据资源环境中的"短板"因素确定可承载的人口规模、经济规模以及适宜的产业结构。重庆经济区培育壮大沿交通轴线和沿长江发展带，拓展发展空间，加强区域基础设施建设，强化产业分工协作和资源利用合作，改善人居环境，提高产业和人口承载能力，形成本区域新的增长点。

5.《成渝经济区区域规划》

2011 年 5 月国务院印发《成渝经济区区域规划》（以下简称《规划》）。《规划》分为发展背景、总体要求、总体布局、统筹城乡发展、构建现代产业体系、加强重大基础设施建设、加快社会事业发展、加强生态环境保护和资源利用、深化改革开放、保障措施共 10 章。《规划》第 3 章提出，根据资源环境承载能力和发展基础，统筹区域发展空间布局，依托中心城市和长江黄金水道、主要陆路交通干线，形成以重庆、成都为核心，沿江、沿线为发展带的"双核五带"空间格局，推动区域协调发展。《规划》第4章提出做强区域性中心城市，大力发展重庆的区域性中心城市，引导工业向园区集中发展，加大城市基础设施和配套公共服务设施建设力度，优化城市环境，适当扩大城市规模，提高城市承载能力。《规划》第5章指出，充分发挥长江黄金水道运输便捷的优势，根据资源、能源和环境承载能力，在长江沿线重点发展铝材、铜材、玻纤制品、镁合金、新型环保建材、硅材料、超导材料。

6.《西部大开发"十二五"规划》

2012年2月国务院印发《西部大开发"十二五"规划》（以下简称《规划》）。《规划》第3章提出，严格落实全国主体功能区规划，因地制宜、分类指导、突出重点、稳步推进，坚持一手抓重点经济区培育壮大，一手抓老少边穷地区脱贫致富；一手抓资源合理开发利用，一手抓生态建设和环境保护，有序有力有效推进西部大开发。重点经济区，坚持以线串点，以点带面，依托交通枢纽和区域中心城市，着力培育经济基础好、资源环境承载能力强、发展潜力大的重点经济区。积极推进工业化和城镇化协调发展，促进产业集聚布局、人口集中居住、土地集约利用，形成西部大开发战略新高地，辐射和带动周边地区发展。积极推进重庆、成都、西安加强区域战略合作。

《规划》第8章提出，增强中心城市辐射带动作用，提升城镇综合承载能力。优化城市布局，拓展发展空间，完善城市功能，集约节约用地，推进城市基础设施一体化建设和网络化发展。充分发挥重庆直辖市和其他省会城市辐射带动作用，全面提升城市综合承载能力，有序扩大人口规模，提高建成区人口密度，强化产业功能和服务功能，全面提升经济实力和现代化水平。加快城镇基础设施建设。优先发展城市公共交通，加快城市快速干道建设，在符合条件的城市安全有序地建设轨道交通，形成路网完善、市政道路与城际道路互联互通的城市道路体系，积极推进城市公共交通向县城和重点乡镇延伸。支持发展热电联产，加大管网改造力度，提高集中供热率。加强中小城市、工业集中区、重点城镇供排水、供暖、供气、道路等公用设施建设，实现市政公共设施基本配套。实施城镇污水处理设施及配套管网建设工程，推进垃圾集中处理设施建设，加强运营管理。建立高效的城市公共安全保障体系，提高突发事件应急处置能力。科学实施城镇绿化，提高绿地分布均衡性。注重文化传承与保护，改善城镇人文环境。

7.《国务院关于依托黄金水道推动长江经济带发展的指导意见》

2014 年 9 月国务院印发《国务院关于依托黄金水道推动长江经济带发展的指导意见》（以下简称《意见》）。《意见》第 1 部分提出长江经济带为东、中、西互动合作的协调发展带。立足长江上中下游地区的比较优势，统筹人口分布、经济布局与资源环境承载能力，发挥长江三角洲地区的辐射引领作用，使长江经济带成为推动我国区域协调发展的示范带。《意见》第 5 部分提出科学引导沿江城市发展和创新城镇化发展体制机制。依托近山傍水的自然生态环境，合理确定城市功能布局和空间形态，促进城市建设与山脉水系相互融合，建设富有江城特色的宜居城市。加强城区河湖水域岸线管理。集聚科技创新要素，节约集约利用资源，提升信息化水平。延续城市历史文脉，推进创新城市、绿色城市、智慧城市、人文城市建设。加强公共交通、防洪排涝等基础设施建设，提高教育、医疗等公共服务水平，提高承载能力。根据上、中、下游城镇综合承载能力和发展潜力，实施差别化落户政策。下游地区要增强对农业转移人口的吸纳能力，有序推进外来人口市民化；中上游地区要增强产业集聚能力，更多吸纳农业转移人口。开展新型城镇化试点示范，探索建立农业转移人口市民化成本分担机制，建立有利于创新行政管理、降低行政成本的设市设区模式。

8.《国家新型城镇化规划（2014—2020 年）》

2014 年 3 月国务院印发《国家新型城镇化规划（2014—2020 年）》（以下简称《规划》）。《规划》第 2 章指出，在城镇化快速发展过程中，城镇空间分布和规模结构不合理，与资源环境承载能力不匹配。东部一些城镇密集地区资源环境约束趋紧，中西部资源环境承载能力较强地区的城镇化潜力有待挖掘；城市群布局不尽合理，城市群内部分工协作不够、集群效率不高；部分特大城市主城区人口压力偏大，与城市的综合承载能力之间的矛盾加剧；中小城市集聚产业和人口不足，潜力没有得到充分发挥；小城镇数量多、规模小、服务功能弱，这些都增加了经济社会和生态环境成本。《规划》第 4 章提出，以城市的综合承载能力为支撑，提升城市可持续发展水平。根据资源环境承载能力构建科学合理的城镇化宏观布局，以综合交通网络和信息网络为依托，科学规划建设城市群，严格控制城镇建设用地规模，严格划定永久基本农田，合理控制城镇开发边界，优化城市内部空间结构，促进城市紧凑发展，提高国土空间利用效率。《规划》第 9 章提出，根据土地、水资源、大气环流特征和生态环境承载能力，优化城镇化空间布局和城镇规模结构。《规划》第 14 章提出，加快转变城市发展方式，优化城市空间结构，增强城市经济、基础设施、公共服务和资源环境对人口的承载能力，有效预防和治理"城市病"，建设和谐宜居、富有特色、充满活力的现代城市。

9.《成渝城市群发展规划》

2016 年 3 月国务院印发《成渝城市群发展规划》（以下简称《规划》）。《规划》第 1 章指出，成渝城市群处于全国"两横三纵"城市化战略格局沿长江通道横轴和包昆通道纵轴的交汇地带，是全国重要的城镇化区域，具有承东启西、连接南北的区位优势。自然禀赋优良，综合承载力较强，交通体系比较健全。次级城市发育不足。地级城市发展相对缓慢，人口经济集聚能力不强，部分区位条件好、资源环境承载能力强的城市发展潜力亟待挖掘。《规划》第 2 章提出，以培育发展城市群为导向，优化整合区域资源，统筹经济社会发展、人口空间分布、生态环境保护、基础设施建设和对内对外开放。根据资源环境承载能力、现有基础和发展潜力，科学确定城市群边界、最小生态安全距离和空间结构，形成推动全国国土空间均衡开发、引领区域经济发展的重要增长极。《规划》第 3 章提出，根据资源环境承载能力，优化提升核心地区，培育发展潜力地区，促进要素聚集，形成集约高效、疏密有致的空间开发格局，建设引领西部开发开放的国家级城市群。发挥成都辐射带动作用，强化绵阳、德阳、乐山、眉山等城市的节点支撑作用，带动沿线城镇协同发展，提升人口综合承载能力，建成具有国际竞争力的城镇集聚带。鼓励引导产业项目向资源环境承载力强、发展潜力大的县城布局，夯实县城产业基础。加强市政基础设施和公共服务设施建设，推动公共资源配置适当向县城倾斜。落实最严格水资源管理制度。严格规划和重大项目水资源论证，确保与水环境承载能力相适应。

10.《西部大开发"十三五"规划》

2017 年 1 月国家发展改革委印发《西部大开发"十三五"规划》（以下简称《规划》）。《规划》第 2 章提出，加快实施主体功能区战略，按照因地制宜、分类指导的原则，围绕新发展理念，在推动各地区依据主体功能定位发展的基础上，优化发展空间布局，着力打造一批主题特色鲜明的试验区和示范区，形成要素有序自由流动、主体功能约束有效、基本公共服务均等、资源环境可承载的区域协调协同发展新格局。按照主体功能定位、现有发展基础和资源环境承载能力，以"一带一路"建设、京津冀协同发展、长江经济带发展为引领，以重要交通走廊和中心城市为依托，着力培育若干带动区域协调协同发展的增长极。《规划》第 9 章提出，实施《中国制造 2025》计划，提升特色优势产业发展水平，塑造西部地区产业核心竞争力，构建资源优势突出、创新能力较强、产业链条齐备、生态承载合理的现代产业发展体系。

11. 《关于建立资源环境承载能力监测预警长效机制的若干意见》

2017 年 9 月国务院印发《关于建立资源环境承载能力监测预警长效机制的若干意见》（以下简称《意见》）。《意见》第 1 部分提出，坚定不移实施主体功能区战略和制度，建立手段完备、数据共享、实时高效、管控有力、多方协同的资源环境承载能力监测预警长效机制，有效规范空间开发秩序，合理控制空间开发强度，切实将各类开发活动限制在资源环境承载能力之内，为构建高效协调可持续的国土空间开发格局奠定坚实基础。坚持定期评估与实时监测相结合。针对不同区域资源环境承载能力状况，定期开展全域和特定区域评估，实时监测重点区域动态，提高监测预警效率。坚持设施建设与制度建设相结合。结合资源环境承载能力监测预警需求，既强化相关基础设施建设，又着力完善配套政策和创新体制机制，增强监测预警能力。

《意见》第 3 部分提出，资源环境承载能力分为超载、临界超载、不超载三个等级，根据资源环境耗损加剧与趋缓程度，进一步将超载等级分为红色和橙色两个预警等级、临界超载等级分为黄色和蓝色两个预警等级、不超载等级确定为绿色无警等级，预警等级从高到低依次为红色、橙色、黄色、蓝色、绿色。建设监测预警数据库和信息技术平台。健全资源环境承载能力监测数据采集、存储与共享服务体制机制。实现资源环境承载能力的综合监管、动态评估与决策支持。建立资源环境承载能力监测预警政务互动平台，定期向社会发布监测预警信息。将资源环境承载能力纳入自然资源及其产品价格形成机制，构建反映市场供求和资源稀缺程度的价格决策程序。将资源环境承载能力监测预警评价结论纳入领导干部绩效考核体系，将资源环境承载能力变化状况纳入领导干部自然资源资产离任审计范围。加大资源环境承载能力监测预警的宣传教育和科学普及力度，保障公众知情权、参与权、监督权。

12. 《成渝地区双城经济圈建设规划纲要》

2021 年 10 月国务院印发《成渝地区双城经济圈建设规划纲要》（以下简称《纲要》）。第 1 章提出，推动成渝地区双城经济圈建设，符合我国经济高质量发展的客观要求，是新形势下促进区域协调发展，形成优势互补、高质量发展区域经济布局的重大战略支撑，也是构建以国内大循环为主体、国内国际双循环相互促进新发展格局的一项重大举措，有利于在西部形成高质量发展的重要增长极，增强其人口和经济承载力；有助于打造内陆开放战略高地和参与国际竞争的新基地，助推形成陆海内外联动、东西双向互济的对外开放新格局；有利于吸收生态功能区人口向城市群集中，使西部形成优势区域重点发展、生态功能区重点保护的新格局，保护长江上游和西部地区生态环境，增强空间治理和保护能力。推进县城城镇化补短板强弱项。加快县城城镇化建设，推动农业转移人口就地就近城镇化。推动重庆市郊区和四川省县城及县级市城区公共服务设施、环境卫生基础设施、市政公用设施、县域经济培育设施提级扩能，推动公共资源适当向县城（郊区、县级市城区）倾斜，补齐短板、补强弱项，提升县域经济发展能力。引导产业项目向资源环境承载力强、发展潜力大的县城（郊区、县级市城区）布局，培育壮大特色优势产业。

2.2 文献计量分析方法

2.2.1 文献计量分析与 CiteSpace 概况

文献计量分析法是一种以各种文献外部特征为研究对象的量化分析方法（郑文晖，2006），借助文献的各种数量特征，采用数学与统计学方法来描述、评价和预测科学技术的现状与发展趋势。近年来，文献计量分析法的应用领域不断拓宽，其内容包括作者分析、文献增长分析、关键词分析、引用分析等。本部分利用该方法对 CNKI 数据库中城市承载力相关研究文献进行分析，提取作者、机构、关键词等信息，分析城市承载力研究的动态与热点问题。知识图谱分析是科学计量学的一种分析方法，是以知识域（knowledge domain）为对象，显示科学知识的发展进程与结构关系的一种图谱。知识图谱具有"图"和"谱"的双重性质与特征，既是可视化的知识图形，又是序列化的知识谱系，显示了知识单元或知识群之间网络、结构、互动、交叉、演化或衍生等诸多隐含的复杂关系（陈悦 等，2015）。

CiteSpace 是 Citation Space 的简称，可译为"引文空间"，是一款着眼于分析科学文献中蕴含的潜在知识，并在科学计量学、数据和信息可视化背景下逐渐发展起来的多元、分时、动态的引文可视化分析软件（李杰 等，2017；Chen，2004）。CiteSpace 成为目前最为流行的知识图谱绘制工具之一，能够将一个知识领域的演进历程集中展现在一个引文网络图谱上，并把图谱上作为知识基础的引文节点文献和共引聚类所表征的研究前沿自动标识出来（陈悦 等，2008）。CiteSpace 由德雷塞尔大学终身教授陈超美先生开发，该软件借助可视化知识图谱直观地呈现相关信息和信息实体间的相互关联，通过相关信息的会聚情况，了解和预测研究热点、前沿、交叉学科和未知领域，全面揭示该领域科学知识的发展状况。在国内，CiteSpace的应用领域主要集中在图书馆与档案管理、管理科学与工程及教育学方面，分析的数据源主要为 WOS、CSSCI 和 CNKI（李杰 等，2017）。CiteSpace 的主要功能是对文献数据进行分析，主要包括作者、机构或者国家合作网络分析；主题、关键词或者 WOS 分类的共现分析；文献共被引分析、作者共被引分析以及期刊共被引分析；文献耦合分析等。通过对文献的挖掘分析，以了解研究领域的发展趋势、研究现状与研究热点，并将其研究主题的演化展现在图谱上（Chen，2017；胡春阳 等，2017）。

研究文献数据采集是 CiteSpace 引文分析的基础，该类数据的采集主要借助各种科技文献数据库，并采用相应搜索策略获取某一领域的研究文献引文信息。目前，CiteSpace 支持的数据是以 Web of Science 中检索的文献信息为基础，其他数据库的文献检索信息需要进行格式转换后才能在 CiteSpace 中进行分析，如中国知网（CNKI）、中文社会科学引文索引（CSSCI）、中国科学引文数据库（CSCD）等。

2.2.2　CiteSpace 关键参数设置

本部分利用 CiteSpace 软件，参数选取（selection criteria）为 top 50 per slice，时间跨度为 1984—2020 年，时间切片（year per slice）= 1，使用剪切（pruning）联系中的寻径（pathfinder）网络算法，以降低网络密度，提高网络的可读性。在生成图谱中，N 表示网络节点数量，E 表示连线数量，Density 表示网络密度，Modularity 是网络模块化的评价指标，Modularity Q 值越大，表示网络得到的聚类越好，Modularity Q 值>0.3 就意味着得到的网络社团结构是显著的。Silhouette 值是衡量整个聚类成员同质性的指标，该数值越大，则代表该聚类成员的相似性越高。越接近 1 反映网络的同质性越高，在 0.5 以上，表示聚类结果具有合理性。Centrality 是中介中心性，是测度节点在网络中重要性的一个指标。

2.2.3　数据采集与预处理

本章文献数据来源于中国知网（CNKI）学术期刊数据库，在检索条件中设置"城市"+"承载力"检索词进行主题检索，检索日期为 2020 年 12

月 31 日，检索文献的时间跨度为 1984—2020 年。为了使分析结果更具有权威性和代表性，选取的检索范围限于 SCI、EI、CSSCI、CSCD 和核心期刊数据库。为了保证论文检索的相关性和准确性，剔除期刊征稿通知、书评等无效数据，最终确定样本文献 976 篇。

2.3 国内城市承载力研究概况

2.3.1 城市承载力研究文献的年际分布

年度发文数量及变化情况是相关领域重要性、受关注程度等的总体反映。在 CNKI 数据库中对期刊论文以"城市""承载力"为检索词进行主题检索，城市承载力文献首次出现在 1984 年（见图 2.1）。1984—2003 年城市承载力研究处于初始阶段，各年文献发表量均低于 20 篇。"可持续发展"理念自 20 世纪 80 年代提出以来，逐渐成为全球不同学科领域研究者关注的热门议题，城市承载力更是城市可持续发展的重要指示器（干靓 等，2015）。2005 年 1 月，建设部下发了《关于加强城市总体规划修编和审批工作的通知》，要求各地在修编城市总体规划前着重研究城市的综合承载能力，解决好资源保护、生态建设、重大基础设施建设等城市发展的主要问题。2006 年 3 月，《中华人民共和国国民经济和社会发展第十一个五年规划纲要》明确规定，坚持大中小城市和小城镇协调发展；按照循序渐进、节约土地、集约发展、合理布局的原则提高城镇综合承载能力（傅鸿源 等，2009）。随着承载力问题越来越受到各级政府的高度重视，城市承载力文献量快速增加，在 2008 年达到阶段性峰值。随后，城市承载力文献量出现了短暂下滑。自 2010 后，文献量又快速增加，每年文献发表量均高于 100 篇。2008—2011 年的文献发表量稍有回落。2016 年《中华人民共和国国民经济和社会发展第十三个五年规划纲要》中指出，加快新型城市建设，根据资源环境承载力调节城市规模，实行绿色规划、设计、施工标准，实施生态廊道建设和生态系统修复工程，建设绿色城市。2018 年年文献发表量达到208 篇。这种趋势同国家层面关于新型城镇化战略方针的形成和发展时间顺序密切相关。

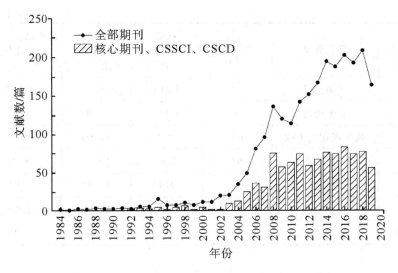

图 2.1 1984—2019 年城市承载力研究文献年际变化

2.3.2 城市承载力研究文献的学科分布

城市承载力研究文献的学科分布反映了城市承载力在各个领域的研究热度。如表 2.1 所示，在各学科分类中，环境学科领域关于城市承载力的研究文献最多，文献数量达 318 篇，总被引次数 7 334 次，每篇文献平均被引用次数达 23.06 次，占总文献数的比例为 41.51%，表明城市承载力是环境学科研究的重要领域。其次是城市经济领域，对城市承载力研究的文献达到 235 篇，占总文献比例的 30.68%。水利工程方面的文献篇数也在 100 篇以上。在研究城市承载力的学科中，交通运输领域对城市承载力的研究文献最少，只有 42 篇，被引次数也是最少，只有 363 次，每篇平均被引次数不足十篇，占总文献的 5.48%。

表 2.1 1984—2019 年城市承载力研究文献的学科分布

序号	学科分类	文献数 /篇	总被 引次数 /次	篇均被 引次数 /（次·篇⁻¹）	占总文献数 的比例 /%
1	环境	318	7 334	23.06	41.51
2	城市经济	235	4 768	20.29	30.68
3	水利工程	110	1 627	14.79	14.36

表2.1(续)

序号	学科分类	文献数/篇	总被引次数/次	篇均被引次数/（次·篇⁻¹）	占总文献数的比例/%
4	区域经济	92	1 213	13.18	12.01
5	农业经济	74	1 761	23.80	9.66
6	城乡规划与市政	67	982	14.66	8.75
7	国民经济	62	768	12.39	8.09
8	社会	61	714	11.70	7.96
9	数量经济	51	1 461	28.65	6.66
10	交通运输	42	363	8.64	5.48

2.3.3 城市承载力研究文献的期刊分布

从刊载文章的期刊影响力可以看出城市承载力研究在相关研究领域的受重视程度。如表2.2所示，在1984—2019年，《经济地理》刊载的文章数为27篇，在所有发表有关城市承载力的期刊中发文量最多。《经济地理》主办单位是中国地理学会、湖南省经济地理研究所，复合影响因子4.537，综合影响因子2.923。《中国人口·资源与环境》主办单位是中国可持续发展研究会，复合影响因子5.428，综合影响因子3.457。《中国人口·资源与环境》上刊载城市承载力研究文献26篇，其中有25篇被引用，总被引用次数为710次，被引用率达96.15%。《生态经济》主办单位是云南教育出版社有限责任公司，复合影响因子1.732，综合影响因子0.948。发表相关文献26篇，被引用率达96.15%。《经济地理》《中国人口·资源与环境》《生态经济》都是影响力较高的期刊，说明城市承载力研究备受学术界重视。《长江流域资源与环境》中发表的城市承载力相关文献被引用率为100%，说明在该期刊上刊载的城市承载力研究文献都具有较大的影响力。《自然资源学报》发表的城市承载力研究文献被引次数最高，为1 091次，每篇平均被引次数高达54.55次。发表相关文献最少是《环境科学与技术》，但被引率也达到100%。

表 2.2　1984—2019 年城市承载力研究文献的期刊分布

序号	期刊	文献数/篇	被引文献数/篇	总被引次数/次	篇均被引次数/（次·篇$^{-1}$）	被引率/%
1	《经济地理》	27	26	753	27.89	96.30
2	《中国人口·资源与环境》	26	25	710	27.31	96.15
3	《生态经济》	26	25	408	15.69	96.15
4	《长江流域资源与环境》	22	22	517	23.50	100
5	《自然资源学报》	20	19	1 091	54.55	95.00
6	《城市发展研究》	19	17	483	25.42	89.47
7	《生态学报》	18	17	660	36.67	94.44
8	《干旱区资源与环境》	16	15	316	19.75	93.75
9	《水土保持研究》	15	14	229	15.27	93.33
10	《环境科学与技术》	14	14	260	18.57	100

2.3.4　城市承载力研究文献的机构分布

城市承载力研究的机构主要以高等院校和研究机构为主（见表 2.3）。其中，北京大学、北京师范大学、中科院地理科学与资源研究所、清华大学、中国科学院大学、首都经济贸易大学这六所机构均在北京。北京大学发表文献 32 篇，总被引次数为 2 007 次，每篇平均引用次数为 62.72 次，说明北京大学所发表的城市承载力相关文献质量最高，被该领域学者引用的次数多。北京师范大学与中科院地理科学与资源研究所发表文章的引用次数均在 1 000 次以上。从 1984—2019 年城市承载力研究文献的机构分布中可以看出，除同济大学在上海，南京大学在江苏之外，其他机构都在北方，说明城市承载力研究存在明显的地域差异和空间集聚特征。

表 2.3　1984—2019 年城市承载力研究文献的机构分布

序号	机构名称	地区	文献数 /篇	总被 引次数 /次	篇均被 引次数 / （次/篇$^{-1}$）
1	北京大学	北京	32	2 007	62.72
2	北京师范大学	北京	29	1 279	44.10
3	中科院地理科学与 资源研究所	北京	26	1 013	38.96
4	南京大学	江苏	23	430	18.70
5	清华大学	北京	22	373	16.95
6	同济大学	上海	22	689	31.32
7	中国科学院大学	北京	20	215	10.75
8	首都经济贸易大学	北京	19	368	19.37
9	南开大学	天津	17	230	13.53
10	兰州大学	甘肃	16	234	14.63

2.3.5　城市承载力研究文献的重要作者

由表 2.4 可以看出，1984—2019 年城市承载力研究前 10 篇高被引文献中，城市承载力研究以城市群、经济区或单个城市的研究为主。郭秀锐等的《城市生态足迹计算与分析——以广州为例》是对单个城市的城市承载力研究。刘晓丽等的《城市群资源环境承载力研究进展及展望》研究了城市群城市承载力。封志明等的《中国基于人粮关系的土地资源承载力研究：从分县到全国》对不同空间尺度的土地资源承载力进行研究。从作者来看，被引次数最高的作者是郭秀锐博士，其为北京工业大学副教授，研究方向为大气污染防治与环境规划、环境评价与管理、环境经济、生态规划等方面。其次是崔凤军和王建华等，被引次数分别为 386 次和 320 次。崔凤军是北京大学理学博士，副教授，中国科学院地理科学与资源研究所博士后。在前 10 篇高被引文章中，崔凤军的文章有两篇，其中一篇是《产业结构对城市生态环境的影响评价》，1998 年发表在《中国环境科学》。郭怀成等的《城市水环境与社会经济可持续发展对策研究》发表于 1995 年，在前 10 篇高被引的文章中最早的，说明郭怀诚对城市承载力的研究开始的最早。距离现在最近的文章是张引等于 2016 年在《地理学报》上发表的《重庆市新型城镇化质量与生态环境承载力耦合分析》，也是对单个城市的城市承载力研究。

表 2.4　1984—2019 年城市承载力研究前 10 篇高被引文献

序号	篇名	作者	刊名	发表时间	被引次数/次
1	城市生态足迹计算与分析——以广州为例	郭秀锐 等	地理研究	2003	460
2	城市水环境承载力及其实证研究	崔凤军	自然资源学报	1998	386
3	基于 SD 模型的干旱区城市水资源承载力预测研究	王建华 等	地理学与国土研究	1999	320
4	国内外生态足迹模型应用的回顾与展望	蒋依依 等	地理科学进展	2005	219
5	中国基于人粮关系的土地资源承载力研究：从分县到全国	封志明 等	自然资源学报	2008	212
6	城市水资源承载力及其实证研究	薛小杰 等	西北农业大学学报	2000	208
7	城市群资源环境承载力研究进展及展望	刘晓丽 等	地理科学进展	2008	188
8	产业结构对城市生态环境的影响评价	崔凤军 等	中国环境科学	1998	175
9	重庆市新型城镇化质量与生态环境承载力耦合分析	张引 等	地理学报	2016	160
10	城市水环境与社会经济可持续发展对策研究	郭怀成 等	环境科学学报	1995	152

2.4 国内城市承载力研究热点和前沿动态

2.4.1 关键词共现分析

在进行 CiteSpace 关键词共现分析时，按其首次出现的年份提取关键词。因此，分析各年份共现关键词数量的变化不仅可以判断研究领域扩展的丰富程度，还可以判断该领域内容的更新速度和学科研究活力（余构雄 等，2017）。从表 2.5 中可以看出，在对城市承载力的研究中，出现最早的关键词是 1992 年出现的"指标体系"。通过选取指标，建立指标评价体系来计算城市承载力得分。最新的关键词是 2012 年出现的"资源环境承载力"，其代表了城市承载力研究领域比较新且比较热门的研究方向。在前 10 位的高频关键词中，"生态足迹"的频次最高，为 130 次，说明生态足迹研究在城市承载力研究领域是最多的。其次是"生态承载力"，频次为 103。1996 年首次出现的"人口承载力"的频次虽然只有 29 次，但是其中心性却达到了 0.41。如图 2.2 所示，1984—2019 年城市承载力研究的关键词数总数为 573 个，关键词之间的连线条数为 810 条，生态足迹与生态承载力的节点年轮最大，说明其出现的频次最高。"可持续发展""承载力""水资源承载力"的节点较大，频次都在 70 以上。一般来说，关键词频次高者，其中心性都不低，因为出现的次数越多，与其他关键词共现的可能性就越大，这也使得这些关键词成为当年的热点词汇。还有部分关键词频次不高，但中心性较大，同样能够成为热点词汇，比如"人口承载力"的频次为 29，但中心性为 0.41，高于出现频次 130 次的"生态足迹"的中心性 0.12，说明它们关注的是同一个问题或同一领域的问题（张蒙蒙 等，2019）。

表 2.5　1984—2019 年城市承载力研究高频关键词

序号	频次	中心性	时间	关键词
1	130	0.12	2003	生态足迹
2	103	0.17	1993	生态承载力
3	87	0.09	1995	可持续发展
4	75	0.23	1995	承载力
5	70	0.20	2000	水资源承载力

表2.5(续)

序号	频次	中心性	时间	关键词
6	35	0.25	1992	指标体系
7	34	0.05	2012	资源环境承载力
8	29	0.41	1996	人口承载力
9	28	0.35	1997	水资源
10	27	0.06	2005	城市群

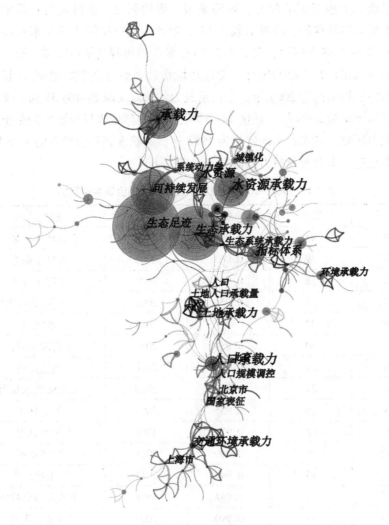

图 2.2 1984—2019 年城市承载力研究关键词共现网络图谱

2.4.2 关键词共现网络聚类

为了进一步考察城市承载力相关研究热点的知识结构，探寻关键词的组合分类，使用对数似然算法（LLR）对高频关键词进行聚类，通过多次调整阈值得到比较清晰的关键词聚类知识图谱（见图 2.3）。其中，模块值 Modularity $Q = 0.876\ 9$（> 0.3），说明聚类结果可信。得到交通环境承载力、人口承载力、城市承载力、模糊综合评价、承载力、水资源承载力、生态足迹、土地资源承载力、海岛城市、集约利用、经济发展、新型城镇化、土地人口承载量、环境承载力 14 个聚类，集中反映了近年来城市承载力研究的 14 个热点问题。图 2.3 为 14 个聚类的可视化知识图谱，每一个聚类代表对该组研究文献的集合。交通环境承载力研究文献数量有 43 篇，文献发表的平均年份为 2004 年。人口承载力的研究文献数量为 39 篇，文献发表的平均年份为 2008 年。在这 14 个聚类中，文献发表年份最早的是土地人口承载力研究，发表的平均年份为 1998 年。文献发表年份最新的是 2010 年对生态足迹、水资源承载力的研究（见表 2.6）。

表 2.6　1984—2019 年城市承载力研究关键词共现聚类

编号	数量	同质性	平均年份	聚类名称
0	43	0.994	2004	交通环境承载力
1	39	0.963	2008	人口承载力
2	38	0.985	2007	城市承载力
3	34	0.951	2005	模糊综合评价
4	32	1	2005	承载力
5	30	0.959	2010	水资源承载力
6	27	0.935	2010	生态足迹
7	27	0.947	2009	土地资源承载力
8	26	0.935	2003	海岛城市
9	22	0.927	2006	集约利用
10	20	0.969	2011	经济发展
11	19	0.944	2015	新型城镇化
12	17	0.944	1998	土地人口承载量
13	16	0.990	2003	环境承载力

注：提取聚类命名的算法 LLR（log-like lihood ratio，对数极大似然率）。

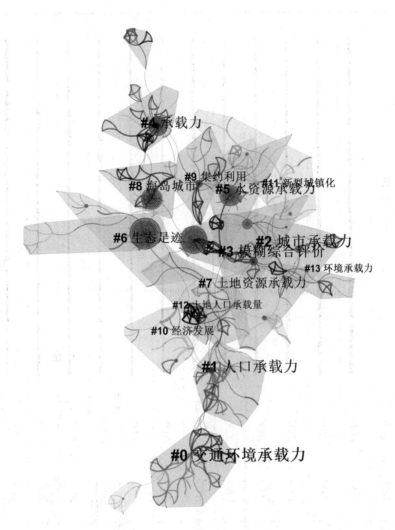

图 2.3　1984—2019 年城市承载力研究关键词共现聚类图谱

2.4.3　关键词共现的突发性探测

关键词突现度可以反映一段时间内影响力较大的研究领域。在城市承载力文献关键词分析中得到 22 个突现词（见表 2.7）。其中，突现度排在前 10 位的关键词依次为：工程地质单元、岩性组合、城市、交通环境承载力、水资源、生态赤字、可持续发展、生态足迹、长株潭城市群、水环境承载力。从时间序列来看，在 2000 年以前出现的关键词有工程地质单元、岩性组合、城市、交通环境承载力、水资源。生态赤字、可持续发展、生态足

表 2.7 1984—2019 年城市承载力研究突变现关键词

序号	关键词	突变强度	开始	结束	1992—2019
1	工程地质单元	7.241	1992	2004	
2	岩性组合	7.411	1992	2005	
3	城市	3.931	1996	2007	
4	交通环境承载力	4.005	1997	2006	
5	水资源	3.915	1999	2006	
6	生态赤字	3.493	2007	2013	
7	可持续发展	5.347	2007	2008	
8	生态足迹	3.652	2007	2008	
9	长株潭城市群	3.652	2009	2012	
10	水环境承载力	4.9061	2011	2013	
11	城市综合承载力	3.835	2012	2014	
12	资源环境承载力	7.105	2012	2019	

表2.7（续）

序号	关键词	突变强度	开始	结束	1992—2019
13	综合承载力	5.507	2012	2015	
14	环境承载力	4.234	2013	2016	
15	新型城镇化	5.700	2013	2016	
16	城镇化	5.289	2013	2017	
17	层次分析法	3.986	2013	2019	
18	京津冀	5.062	2014	2017	
19	生态文明	4.495	2015	2016	
20	生态环境	3.523	2016	2019	
21	影响因素	4.894	2016	2019	
22	耦合协调	3.966	2017	2019	

注：分析文献来自1984—2019年。因为1992年之前的文献很少，突变强度值也很小，所以出现关键词突变的时间为1992—2019年。

迹都在 2007 年开始出现并且相关学者开展相应研究。城市综合承载力、资源环境承载力、综合承载力在 2012 年开始得到研究，且资源环境承载力到 2019 年突变结束。从这些关键词的突现度和突现的时间节点来看，城市承载力的研究紧跟国家方针政策，具有明显的政策导向性。从突现词影响的周期来看，"岩性组合"领域最长（14 年），"工程地质单元"为 13 年，"城市"为 12 年，其他大多数时间集中在 3～8 年。虽然关注的具体问题跳跃性较强，但承载力一直贯穿始终（安传艳 等，2018）。在 2016 年以后，紧随国家"十三五"规划中对新型城镇建设的要求，生态环境、影响因素、耦合协调成为研究的热点。

2.4.4　关键词共现时区图谱

在 CiteSpace 中，可以通过词频分析、词汇突现性等功能判断一定时段内的研究热点，并根据时序变化分析研究主题演变。通过对城市承载力研究文献关键词共现分析，将相同时间内的节点集合在相同的时区内，时间按从远到近的顺序排列，聚类分析生成 Timezone 图谱（见图 2.4）。由图 2.4 可知，节点最大的是生态足迹，其次是水环境承载力、可持续发展。通过对重要节点及所对应的相关文献判断，这些关键词所链接的网络关系时间跨度大，结构复杂，涉及环境、经济、城镇化、交通生态等多方面，充分说明了城市承载力研究视角和研究内容的多元化。同时，随着时间的推移，研究主题也在不断发生变化，根据对城市承载力发展和研究文献数量、关键词类别分析，其研究大体可分为 3 个阶段。第一个阶段是 2000 年以前，这个阶段处于对城市承载力研究的初始阶段，21 世纪以前，大部分研究都以人口容量的最终测算为目标，强调承载对象为人口规模，特别是资源承载力的研究。虽然环境承载力和生态承载力开始将社会经济要素纳入承载体系中，但总是将人口和经济单一考虑，很少将二者综合起来计算。第二个阶段是 2000—2008 年，2000—2003 年城市承载力研究大多集中于对城市水资源承载力的研究，例如薛小杰等的《城市水资源承载力及其实证研究》、王振宇的《水资源承载力问题与城市发展问题的探讨》等。薛小杰等（2000）提出城市水资源承载力是指某一城市（含郊区）的水资源在某一具体历史发展阶段中，以可预见的技术、经济和社会发展水平为依据，以可持续发展为原则，以维护生态环境良性循环发展为条件，经过合理优化配置，对该城市社会经济发展的最大支撑能力。之后开始对城市旅游环境、生态系统、土地资源等承载力进行分析。赵淑芹等（2006）提出，城市土地综合承载指数不仅是自然地理环境特点和区位条件的反映，也取决于人类社会、经济技术的发展水平及人类对于土地资源的有效利用和生态环境的改善状况。金磊等（2008）认为城市安全容量可进一步确切定义为城市承载力，指城市灾害在一段时期内不会对城市环境、社会、文化、经济等安全保障系统带来无法接受的不利影响的最高限度，可将之量化为城市对灾害的最大容忍度。第三个阶段是2009年至今，这个阶段开始了对研究区域的划分，不再以对环境、土地、生态等为主题单独进行某一领域的研究，而是对单一城市或者城市群的综合承载力或者某一方面的研究。例如对单一城市的研究有《北京城市生态空间承载力评价研究》（茹小斌 等，2019），《海岸带城市生态承载力综合评价——以连云港市为例》（崔昊天 等，2020）。对城市群的研究有《城市开发强度与资源环境承载力协调分析——以珠三角为例》（吴大放 等，2020），《面向"三区三线"划定的城市群资源环境承载力评价方法研究——以关中平原城市群评价为例》（丁月清 等，2019），《长江经济带城市资源环境承载力评价及影响因素》（尚勇敏 等，2019）。

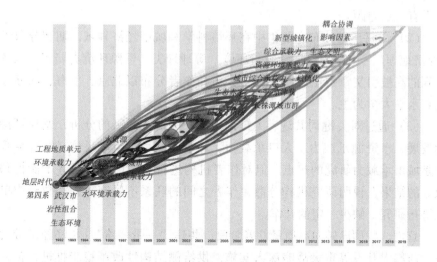

图 2.4　1992—2019 年城市承载力研究突现关键词演进时区图谱

注：文献分析来自于 1984—2019 年。因为 1992 年之前的文献很少，突变强度值也很小，所以出现关键词突变的时期为 1992—2019 年。

2.5 小结

通过对城市承载力相关概念与理论基础的梳理，可以发现城市承载力研究逐渐从对人口、资源、环境、生态、经济、旅游、交通等单一要素的承载力研究转向对城市综合承载力研究。进入21世纪以来，我国出台了一系列促进环境保护、城镇化、区域发展相关政策，特别是针对成渝地区相继出台了《成渝经济区区域规划》《成渝城市群发展规划》和《成渝地区双城经济圈建设规划纲要》，这些都为重庆市开展城市综合承载力研究提供了方向指引。本文利用 CiteSpace 软件对 CNKI 数据库中有关城市承载力研究的文献进行统计分析和知识图谱分析，梳理城市承载力研究的总体特征和发展趋势，结论如下：

（1）城市承载力研究的整体趋势是由20世纪80年代的兴起到进入21世纪后的快速增长。总体来看，我国城市承载力研究还存在不足，与国际水平有一定差距。

（2）文献学科分布主要集中在环境科学和城市经济领域，期刊分布于《经济地理》《中国人口·资源与环境》等地理类、资源环境类期刊，这些期刊的高被引文章数量较多。机构分布和作者分布以北京、上海、江苏等地高水平大学为主。

（3）通过对关键词共现、关键词聚类、关键词时区的分析，发现可持续发展、水资源承载力、人口承载力、环境承载力、生态足迹、综合承载力是城市承载力研究的热点。但对作者机构进行合作网络分析并不能得到很好的结果，说明研究机构分散，作者之间的联系不紧密，大多数机构单独进行研究，缺少一定的合作。

总之，我国已转向高质量发展阶段，共建"一带一路"、长江经济带发展、西部大开发等重大战略深入实施，供给侧结构性改革稳步推进，扩大内需战略深入实施，为成渝地区新一轮发展赋予了全新优势、创造了重大机遇。在这样的背景下，如何提升重庆市城市单要素承载力和城市综合承载力，支撑成渝地区成为西部地区高质量发展的重要增长极，亟需开展相关理论和实践研究。本章采用文献计量与可视化分析方法，系统梳理国内城市承载力研究的相关文献，初步认识了该领域的国内研究现状和前沿热点，对其他学者开展进一步研究具有参考价值。

3　山地城市人口承载力评价

三峡工程建成运行后，重庆市大量平坝河谷地带被淹没，使本已十分有限的土地资源更加匮乏，加上库区生态环境还将面临移民搬迁、城镇化、经济发展等多重压力，人地矛盾日益加剧。因此，研究适度人口规模是重庆市实现区域可持续发展的需要，对保障三峡库区生态安全具有重要意义。

适度人口理论产生于19世纪末20世纪初。欧美学者率先提出与社会经济发展相适应的经济适度人口规模，并通过研究人口增长与经济增长率的适应关系提出动态适度人口规模，同时也将资源环境承载力纳入人口发展决策中（徐琳瑜 等，2003；靳玮 等，2010）。随着生态环境问题的日益突出，适度人口规模不仅需要同社会经济发展水平相适应，同时应该与资源环境相协调（Wackernagel et al.，2006）。我国学者对适度人口规模的研究起步较晚，且主要从人口容量和人口承载力的角度开展研究。目前，适度人口规模研究的主要方法包括因素分析法（牛叔文 等，2010）、复合社会经济系统模型（赵秋成，2011）、多目标决策法（靳玮 等，2010；王爱民 等，2006）、幸福指数模型（Shi et al.，2010）等。另外，"可能－满意度"法也被广泛应用到人口规模的研究中（代富强 等，2006；张瀛 等，2003），但是将生态足迹引入"可能－满意度"法来研究适度人口规模还未见报道。总体来看，现有适度人口规模研究中，国外学者注重人口与经济发展的关系，较少考虑自然资源和环境条件的限制；相反，国内学者过多地强调资源环境的限制作用，而较少考虑生活水平与经济发展对人口规模的影响（徐琳瑜 等，2003）。因此，本部分在考虑人口与生态系统的协调发展和人口规模与经济、社会发展水平适应性的基础上，从区域可能的生态承载力和人们对消费水平的满意程度出发，通过结合生态足迹法和"可能－满意度"法，对重庆市适度人口规模进行情景预测。

3.1　重庆市资源利用可持续性评价

资源过度消耗引起的环境退化已经成为现在人类面临的最紧迫的全球变化问题（Jorgenson，2003）。地球提供给人类生存发展必需的自然资源和生态服务（Deutsch et al.，2005），人类要实现社会经济的可持续发展，就必须考虑资源利用的可持续性。从生态经济学角度而言，维持自然资本存量必须作为人类社会可持续的准则或措施，将可持续发展理念变成现实的可操作的目标，人类必须知道自己对自然资本的利用状况（周嘉 等，2004）。科学管理这些自然资本是实现资源可持续利用的核心，但是有效的管理需要有准确的度量手段作为支撑（Wackernagel et al.，2004）。生态足迹方法把复杂的资源利用类型转换为一个综合的数量指标——生物生产性土地面积，它能够相对直接地用于资源利用决策支持（Costanza，2000）。它把生物生产性土地面积作为一个限制因子来分析社会经济活动的资源消费可持续性（Erb，2004）。

生态足迹作为一种非货币的生态经济工具，不仅能够测量人类的资源消费水平和自然的生物生产力（Senbel et al.，2003），还可以在同一标准下比较不同区域对生态系统的影响程度，为避免产生生态系统退化提供科学依据（Wackernagel et al.，2000）。生态足迹方法自提出以来受到学者和决策者的广泛关注，由于其概念简明、综合，同时从自然界供给角度来反映自然对人类生存和发展的生态阈值，因而成为衡量人类社会经济活动可持续性的重要方法，现在已经在不同空间尺度被国内外广泛应用（符国基 等，2008）。Wackernagel 等（2004）对澳大利亚、菲律宾和韩国的生态足迹时间序列进行了比较分析，Deutsch 等（2005）计算了瑞典的食物消费生态足迹，Muniz 等（2005）研究了巴塞罗那的城市交通生态足迹，van Vuuren 等（2005）分析了世界不同区域的生态足迹变化趋势，Collins 等（2006）对资源消费的环境影响进行了评价。国内学者也开展了大量的研究，有学者对中国的生态足迹进行了复杂模型分析（陈成忠 等，2006；陈成忠 等，2007；陈成忠 等，2008），利用生态足迹分析区域可持续发展能力（马彩虹 等，2006；彭建 等，2006；吕红亮 等，2007；熊鹰，2008），分析了不同类型区域的生态足迹（刘毅华 等，2006；蔡海生 等，2007；顾康康 等，2008；向悟生 等，2008；吴玉鸣 等，2007）。但是现有的研究多集中在生态足迹计算以及可持续发展评价方面，很少专门分析资源利用的可持续性。

本部分拟采用生态足迹方法计算重庆市资源消费与生产的生物生产性土地面积需求，分析消费足迹和生产足迹的构成和变化趋势，并从生态赤字与生态超载、资源承载压力、资源利用效率以及生态足迹与 GDP 的相关关系四个方面分析重庆市资源利用的可持续性。

3.1.1 生态足迹理论及计算模型

1. 基本假设

生态足迹方法的基本思路是，人类要维持生存必须消费各种产品、资源和服务，人类每一项最终消费的量都可追溯到提供生产该消费所需的原始物质与能量的生物生产性土地面积（郭秀锐 等，2003）。生态足迹即是在一定的人口和经济条件下，维持资源消费和吸纳产生的废弃物所需要的生物生产性土地面积（Wackernagel 等，1997）。为了能够定量地计算生态系统维持资源消费和吸纳废弃物的更新与再生能力，生态足迹方法基于以下六个基本假设（Monfreda et al.，2004）：①历年资源消费量和废弃物产生量是可以确定的；②绝大部分的资源消费和废弃物产生都能换算成更新和吸纳废弃物所需的生物生产性土地面积；③按照生物生产力对每种土地利用类型赋予相应的权重，将其转化为标准的世界公顷单位；④各种生物生产性土地类型都是具有排他性的，总需求面积可以通过各种提供资源消费和吸纳废弃物所需的土地面积相加得到；⑤人类消费需求的生态足迹和自然供给的生态承载力可以直接进行比较；⑥生物生产性土地面积的总需求可以超过总供给。

2. 均衡因子和产量因子

生态足迹由六类土地利用类型组成，包括耕地、牧草地、林地、水域、用于吸收 CO_2 的化石燃料用地和建设用地。生态足迹计算可以分为两部分，即生态足迹（消费需求）计算和生态承载力（自然供给）计算。由于不同土地利用类型和不同区域的平均生物生产力存在差异，生态足迹和生态承载力可通过均衡因子和产量因子转换为统一的世界平均生物生产性土地面积。均衡因子是特定土地利用类型的潜在平均生物生产力与世界上所有生物生产性土地面积的平均生物生产力的比值。均衡因子描述了有一定外在投入水平的土地利用类型在不考虑当前管理水平和单位生物生产率前提下的潜在生物生产力（Monfreda et al.，2004）。产量因子描述的是给定国家某一土地利用类型的生产力与世界平均水平的差异，主要反映土地利用在管理和技术方面的不同（徐中民 等，2006）。产量因子使不同国家或地区生态足迹和生态承载力的计算具有可比性。在本书的生态足迹计算过程中，均衡因子采用世界自然基金会《地球生命力报告 2008》（*The Living Planet Report* 2008）（WWF and UNEP-WCMC）中的最新成果，产量因子是 Wackernagel 文献中计算中国生态足迹时的产量因子，见表 3.1。

表 3.1　生态足迹计算均衡因子和产量因子

土地类型	耕地	牧草地	林地	水域	建设用地	化石燃料用地
均衡因子	2.64	0.5	1.33	0.4	2.64	1.33
产量因子	1.66	0.19	0.91	1	1.66	0

3. 计算模型

生态足迹代表资源消费需求折算的生物生产性土地面积，而生态承载力表示生物生产性土地面积的实际供给能力。城市区域内不同土地利用类型的生态足迹和生态承载力计算公式如下：

$$EF_i = \frac{P}{Y_W} \cdot EQF \tag{3.1}$$

$$BC_i = A_i \cdot YF \cdot EQF \tag{3.2}$$

式中，EF_i 为 i 类土地利用类型的生态足迹，BC_i 为该类土地利用类型的生态承载力，A_i 为该类土地利用类型可供给的实际土地面积，P 为某类产品的消费量或生产量，Y_W 为该类产品的世界平均生产能力；EQF 为均衡因子，YF 为产量因子。

生态足迹与生态承载力的比较反映了城市区域现存生物生产性土地是否足够支持人们当前的消费和生产方式。如果生态足迹大于生态承载力，则产生生态赤字，说明资源消耗超过了城市的生态承载力，城市发展处于不可持续的状态。从消费的角度看，生态赤字的计算公式如下：

$$ED = BC - EF_c \tag{3.3}$$

式中，ED 为城市资源消费产生的生态赤字；BC 为城市的生态承载力；EF_c 为城市的消费足迹。

由于资源利用对生态系统的影响具有一定的时间延迟，不同国家、地区和城市的资源消耗可以在一段时间内超过生态阈值，出现生态赤字和生态超载。生态赤字可以通过进口其他国家或地区的资源和服务来弥补，从而产生生态贸易赤字。如果生态赤字不能通过贸易来平衡，则会导致城市自然资本的过度利用，例如石油、煤炭等能源的过度开采，过度放牧，水资源和土地资源的退化，大气二氧化碳浓度不断加大等。这种城市的资源利用严重超过生态系统的更新和吸纳废弃物速度的状态称为生态超载。城市生态贸易赤字和生态超载的计算公式如下：

$$ETD = EF_c - EF_p \quad\quad\quad (3.4)$$

$$EO = BC - EF_p \quad\quad\quad (3.5)$$

式中，ETD 为城市的生态贸易赤字；EO 为城市的生态超载；EF_c 为城市的消费足迹；EF_p 为城市的生产足迹。

3.1.2 重庆市生态足迹分析

1. 生态足迹与生态承载力计算

根据生态足迹理论与计算模型，以重庆市 1996—2007 年的资源消费和生产数据为基础，分别对重庆市历年的消费生态足迹和生产生态足迹进行计算。生态足迹计算由生物资源和能源两部分组成。生物资源主要包括农产品、动物产品、林产品、水产品等，各大类又可以进一步细分为若干小类，由于缺乏木材消费和生产的统计数据，书中未考虑重庆市木材的生态足迹。建设用地生态足迹的计算实际上是将其换算成占用的耕地生态足迹，包括交通用地、工矿用地、居住用地、水利设施用地等，采用重庆市历年的建设用地面积计算其生态足迹和生态承载力。具体计算过程中，生物资源生产面积折算中采用联合国粮农组织 1993 年计算的有关生物资源的世界平均产量资料（采用这一公共标准主要是为了使计算结果可以进行国与国、地区与地区之间的比较）（Wackernagel et al., 1998；Wackernagel et al., 1999），将重庆市 1996—2007 年的生物资源消费和生产分别转化为提供这类资源的生物生产性土地面积。能源主要包括煤炭、天然气、油料、电力等，计算能源生态足迹时将能源的消费或生产分别转化为化石燃料生产土地面积。采用世界上单位化石燃料生产土地面积的平均发热量为标准（Wacker-nagel et al., 1998；Wackernagel et al., 1999），将能源消耗或生产的热量折算成一定的化石燃料土地面积。

生态足迹计算中，在每种土地利用类型前乘上一个均衡因子，以转化为统一的、可比较的生物生产性土地面积，消除单位面积耕地、牧草地、林地、水域、建设用地和化石燃料用地在生物生产能力上的差异。分别对重庆市历年各种生物资源和能源的消费与生产计算的各类生物生产性土地面积进行汇总，得到重庆市 1996—2007 年人均消费足迹和人均生产足迹的计算结果，见表 3.2 和表 3.3。

表 3.2　重庆市 1996—2007 年人均消费足迹计算结果

单位：公顷/人

年份	耕地	牧草地	林地	水域	建设用地	化石燃料用地	消费足迹
1996	0.379 5	0.379 9	0.007 8	0.113 0	0.076 6	0.358 5	1.315 3
1997	0.379 0	0.364 3	0.008 2	0.111 3	0.076 0	0.381 3	1.320 1
1998	0.368 2	0.368 7	0.009 9	0.136 7	0.076 3	0.387 8	1.347 5
1999	0.370 4	0.398 0	0.009 5	0.134 6	0.077 6	0.413 8	1.403 8
2000	0.349 5	0.401 7	0.010 7	0.127 9	0.078 0	0.418 2	1.385 9
2001	0.356 1	0.373 2	0.010 8	0.126 2	0.078 3	0.435 4	1.379 9
2002	0.364 4	0.453 4	0.014 5	0.140 7	0.078 6	0.453 3	1.504 9
2003	0.347 2	0.474 3	0.016 3	0.149 5	0.079 1	0.485 3	1.551 8
2004	0.349 1	0.493 4	0.017 2	0.156 1	0.080 4	0.556 4	1.652 7
2005	0.348 6	0.483 4	0.019 2	0.154 2	0.081 0	0.691 3	1.777 4
2006	0.334 2	0.454 9	0.018 0	0.157 1	0.079 1	0.737 1	1.780 5
2007	0.312 4	0.446 8	0.021 2	0.180 5	0.079 3	0.825 6	1.865 9

表 3.3　重庆市 1996—2007 年人均生产足迹计算结果

单位：公顷/人

年份	耕地	牧草地	林地	水域	建设用地	化石燃料用地	生产足迹
1996	0.423 3	0.307 7	0.008 3	0.064 2	0.076 6	0.601 8	1.482 0
1997	0.427 7	0.326 1	0.008 7	0.072 8	0.076 0	0.427 9	1.339 3
1998	0.414 1	0.320 7	0.010 4	0.080 5	0.076 3	0.535 3	1.437 2
1999	0.410 1	0.321 2	0.010 0	0.085 9	0.077 6	0.539 2	1.444 0
2000	0.409 6	0.327 7	0.011 1	0.089 4	0.078 0	0.549 4	1.465 1
2001	0.377 3	0.336 7	0.011 2	0.087 7	0.078 3	0.517 5	1.408 7
2002	0.395 3	0.346 0	0.014 9	0.093 7	0.078 6	0.527 8	1.456 2
2003	0.396 4	0.361 3	0.016 7	0.099 1	0.079 1	0.492 3	1.444 9
2004	0.414 8	0.376 1	0.017 8	0.105 0	0.080 4	0.445 9	1.440 0
2005	0.420 8	0.398 5	0.019 8	0.109 1	0.081 0	0.514 0	1.543 1
2006	0.338 3	0.390 6	0.018 6	0.097 5	0.079 1	0.610 1	1.534 1
2007	0.408 3	0.390 9	0.022 0	0.108 9	0.079 3	0.645 6	1.655 0

在生态承载力计算中，为了消除各种土地利用类型生物生产能力的差异，以及各国或地区的各类土地利用类型的产出差异，在转化成生物生产性土地面积时分别乘上均衡因子和产量因子。按照世界环境与发展委员会（WCEI）的报告《我们共同的未来》中的建议，在计算生态承载力时还应留出12%的生物生产性土地面积以保护生物多样性。将重庆市历年的人均土地利用类型面积经过均衡因子和产量因子折算成生物生产性土地面积，得到重庆市 1996—2007 年的人均生态承载力（见表 3.4）。从生态足迹的供给看，在没有扣除生物多样性保护面积的情况下，耕地能够供给的人均生物生产性土地面积最大，其他土地利用类型的供给面积都较小。

表 3.4　重庆市 1996—2007 年人均生态承载力计算结果

单位：公顷/人

年份	耕地	牧草地	林地	水域	建设用地	生态承载力
1996	0.370 6	0.000 6	0.120 4	0.003 1	0.076 6	0.502 8
1997	0.366 0	0.000 7	0.118 3	0.003 5	0.076 0	0.496 8
1998	0.363 4	0.000 7	0.117 6	0.003 5	0.076 3	0.494 1
1999	0.360 8	0.000 7	0.117 0	0.003 5	0.077 6	0.492 5
2000	0.357 7	0.000 7	0.116 4	0.003 5	0.078 0	0.489 6
2001	0.356 4	0.000 7	0.116 3	0.003 5	0.078 3	0.488 6
2002	0.347 0	0.000 7	0.117 9	0.003 4	0.078 6	0.482 0
2003	0.328 7	0.000 7	0.123 4	0.003 5	0.079 1	0.471 1
2004	0.318 8	0.000 7	0.125 2	0.003 5	0.080 4	0.465 2
2005	0.312 9	0.000 7	0.125 0	0.003 6	0.081 0	0.460 4
2006	0.307 1	0.000 7	0.124 5	0.003 6	0.079 1	0.453 3
2007	0.303 3	0.000 7	0.123 2	0.003 6	0.079 3	0.448 9

注：生态承载力已经扣除12%的生物多样性保护面积。

2. 结果分析

随着人口的不断增长和经济快速发展，社会经济活动对生物资源和能源的需求越来越大，从 1996 年到 2007 年十多年来，重庆市人均消费足迹和人均生产足迹都呈上升趋势，人均生态承载力则逐年下降，特别是人均消费足迹和人均生态承载力的差距越来越大，导致重庆市资源利用的可持续性逐渐减弱（见图 3.1）。从消费水平看，1996 年至 2007 年，人均消费足迹从 1.315 公顷/人上升到 1.866 公顷/人，呈快速增长的趋势，增长率达到

41.86%。人均消费足迹的增长主要体现在化石燃料用地上，而其他土地利用类型对人均消费足迹的增长贡献比较均衡。从生产水平看，人均生产足迹变化呈现一种波动的增长趋势，1996年至2007年十一年间增减交替出现，2007年比1996年仅增加了0.173公顷/人。主要是因为受当地生物生产性土地生产能力的限制，生产足迹增长主要依靠生产技术条件的改进和土地管理水平的提高，但是相对于消费需求的快速增长，这两方面的发展都是比较缓慢的，从而导致人均生产足迹和人均消费足迹呈现不同的变化轨迹。从人均生态承载能力看，1996年为0.503公顷/人，2007年为0.449公顷/人，总体下降幅度较小，但是考虑到科学技术发展带来的土地生产能力的提高和土地利用类型的变化，从某种程度上放慢了生态承载力的下降速度。

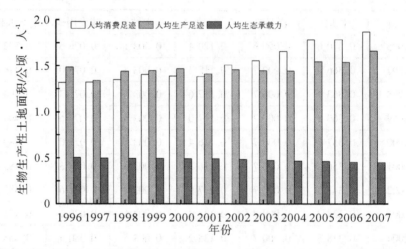

图3.1　重庆市1996—2007年人均消费足迹、人均生产足迹与人均生态承载力变化

　　从消费足迹构成看，耕地、牧草地和化石燃料用地占用的生态足迹比例较大（见图3.2）。1996年，耕地的消费足迹占整个人均消费足迹的28.85%，牧草地占28.89%，化石燃料用地占27.26%；2007年，这三个数据发生明显变化，分别为16.74%、23.94%、44.25%，耕地比例明显下降，牧草地略有减少，化石燃料用地比例增长显著；三者占消费足迹比重基本维持在85%。1996年，化石燃料用地的消费足迹为0.359公顷/人，2007年上升到0.826公顷/人，增加了0.467公顷/人，占人均消费足迹增长额的84.84%，这是导致人均消费足迹快速增长的决定因素。同时牧草地、林地、水域、建设用地消费足迹都有小幅上升，分别比1996年增长了0.067公顷/人、0.014公顷/人、0.068公顷/人、0.003公顷/人，耕地消费足迹则在

1996 年的基础上下降了 0.067 公顷/人，但是由于数量都比较小，其增减对人均消费足迹增长影响不大。

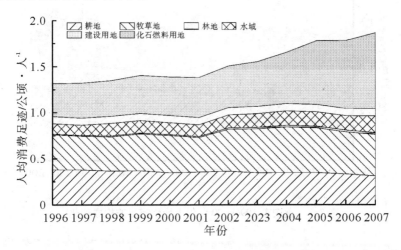

图 3.2　重庆市 1996—2007 年人均消费足迹构成变化

从生产足迹构成看，耕地、牧草地和化石燃料用地在生产足迹中同样占非常大的比例（见图 3.3）。1996 年，三者占生产足迹的比例高达 89.94%，2007 年略有减少，为 87.30%。化石燃料用地的生产足迹没有表现出消费足迹的快速增长态势，2007 年的 39.01% 基本保持了 1996 年 40.61% 的水平，说明重庆市能源消费需求的快速增长主要是通过进口外来化石燃料用地生产足迹满足的。生产足迹其他组成部分的数量变化也较小，耕地减少了 0.015 公顷/人，牧草地、林地、水域、建设用地分别增加了 0.083 公顷/人、0.014 公顷/人、0.045 公顷/人、0.003 公顷/人。

消费足迹和生产足迹构成的变化反映了资源利用结构和方式的转变，它们是重庆市社会经济发展和消费需求结构变化的结果（刘宇辉 等，2004）。在产业结构演变规律的作用下，农业在重庆市经济中的占比逐渐降低，工业和服务业在经济生产中的占比逐步增大，尤其是工业规模的扩大促进了能源消费量的快速增加。在基本粮食需求得到保证后，生活消费需求结构发生变化，人们对高营养和高能量食物的消费量明显增加。

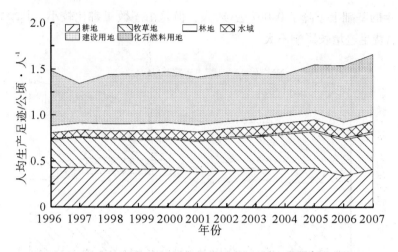

图 3.3　重庆市 1996—2007 年人均生产足迹构成变化

3.1.3　重庆市资源利用可持续性分析

1. 生态赤字与生态超载

资源消费需求的增长和自然供给能力的下降导致重庆市一直处于生态赤字状态且这种状态持续加重（见图 3.4），从 1996 年到 2007 年生态赤字增加了 0.605 公顷/人。而且生态赤字的增长速度不断加快，1996 年到 2001 年的平均增长速度为 1.87%，2001 年到 2007 年的平均增长速度达到 8.03%，表明重庆市的生态赤字有进一步扩大的趋势。从图 3.4 中可以看出，重庆市生态贸易赤字的变化分为两个阶段，1996 年至 2001 年为负值，2001 年至 2007 年为正值，究其原因，主要是由消费足迹和生产足迹的不同变化轨迹导致的。前一阶段重庆市的经济发展还处于起步阶段，对资源的需求相对较小，少数较丰富的资源产生生态盈余，可通过生态贸易输出弥补其他区域的生态赤字。但是随着工业化进程的不断加快，资源量需求迅速增长，而生产足迹的增长相对较慢，只有通过进口更多的资源来满足消费需求，所以在后一阶段产生了生态贸易赤字。相对生态赤字的快速增长，重庆市生态超载变化趋势较为平缓，1996 年至 2004 年的变化量较小，2004 年以后出现增长的趋势，2007 年达到 1.206 公顷/人。生态超载变化一方面反映了重庆市的社会经济活动主要是通过消耗自身的自然资源来维持，另一方面反映了重庆市自然资源的过度利用已经严重超出生态承载范围。

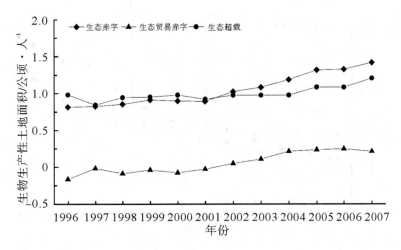

图 3.4　1996—2007 年重庆市生态赤字、生态贸易赤字和生态超载变化

2. 资源承载压力

根据世界各国工业化进程的规律，工业化中期，也就是经济快速增长时期，往往是对资源掠夺式开发最严重的时期。为了更全面地分析重庆市资源利用的可持续性，用生态足迹与生态承载力的比值反映资源消费和生产对生态系统的承载压力。如图 3.5 所示，消费压力指数代表消费足迹与生态承载力的比值，生产压力指数代表生产足迹与生态承载力的比值，两者都呈现增长的趋势。1996 年，消费压力指数为 2.616，生产压力指数为2.947；2002 年消费压力指数首次超过生产压力指数；到 2007 年两者的差距逐渐扩大，消费压力指数达到 4.156。从生态承载的角度分析，重庆市的资源承载压力正在逐步加大，特别是消费导致的承载压力增长趋势明显，生产在需求的拉动下在最近几年也表现出快速增长的势头。生态系统具有一定的承载限度，如果重庆市的资源利用长期处于一种超负荷的状态，其生态系统安全将受到严重威胁。

图 3.5　重庆市 1996—2007 年消费压力指数与生产压力指数变化

3. 资源利用效率

利用 1996—2007 年《重庆市统计年鉴》中 GDP 数据和人均消费足迹、人均生产足迹的计算结果，可以计算万元 GDP 所消耗的生态足迹，以此来反映资源的利用效率（见图 3.6）。从消费足迹看，1996 年每万元 GDP 消费足迹为 3.348 hm^2，2002 年为 2.365 hm^2，2007 年进一步下降到 1.464 hm^2。从生产足迹看，1996 年每万元 GDP 生产足迹为 3.773 hm^2，2002 年为 2.279 hm^2，首次低于每万元 GDP 消费足迹，2007 年快速下降到 1.299 hm^2。每万元 GDP 消费足迹的下降反映出技术进步和生产工艺改进促进了企业资源利用效率的不断提高，单位产出对资源的需求在逐渐减少，有利于资源的可持续利用。每万元 GDP 生产足迹的下降则同时反映了资源利用效率和资源生产水平的不断提高，这两者共同作用的结果就表现为每万元 GDP 生产足迹从高于每万元 GDP 消费足迹，到两者逐渐趋于平衡，到最后低于消费足迹。重庆市资源利用效率的提高虽然在一定程度上缓解了生物生产性土地的承载压力，但是还要看到资源利用的总量还是在快速增长，要实现资源可持续利用就必须在提高资源利用效率的同时从根本上转变粗放型的经济增长模式。

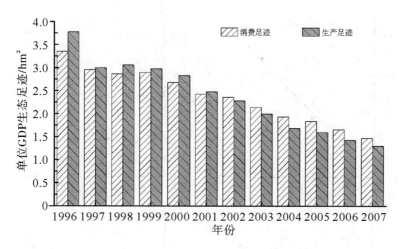

图 3.6　重庆市 1996—2007 年单位 GDP 消费足迹和生产足迹变化

4. 生态足迹与 GDP、人口的关系

随着经济发展、技术进步和消费结构的变化，人类对自然资源的利用规模不断增长，生态经济系统不能够排除经济和人口的影响而像正常演化的生态系统变化那样处于一种连续状态。把重庆市 1996 年至 2007 年的人均消费足迹和人均生产足迹计算结果乘上历年的总人口数，可以得到各年的总消费足迹和总生产足迹，再分别和 GDP、人口数据进行趋势拟合。图 3.7 的拟合结果显示重庆市总消费足迹和总生产足迹都与 GDP 具有较强的相关性，复相关系数分别达到 0.976 和 0.810。重庆市总消费足迹和总生产足迹与人口同样具有较强的相关性，复相关系数分别为 0.949 和 0.769。消费足迹与 GDP、人口的相关性强于生产足迹，这说明消费足迹的增长主要是受 GDP 和人口增长的驱动；生产足迹则在 GDP 和人口的拉动作用外，还受自身土地生产能力的限制，这主要取决于土地管理和生产技术水平的提高。这充分说明重庆市在促进社会经济发展的同时没有充分考虑资源利用的可持续性，随着经济水平的提高和人口的增长，重庆市的生态足迹也将随之增加，进而促进对资源更大的需求。

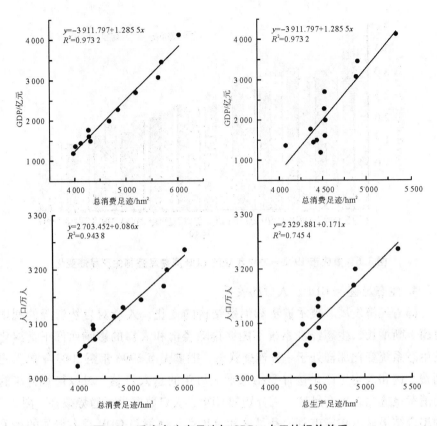

图 3.7　重庆市生态足迹与 GDP、人口的相关关系

重庆市 1996—2007 年生态足迹计算结果显示：人口和经济的快速增长，以及经济规模的不断扩大，生态赤字和生态超载持续增长，资源利用压力不断加大，表明重庆市这十多年的资源利用是不可持续的。如果不改变这种粗放型的资源利用方式，重庆市未来社会经济发展将受到很大的限制。GDP、人口与生态足迹存在高度相关性，特别是与消费足迹的相关性较强，随着重庆市工业化和城市化进程的推进，资源利用将面临更大的压力。

为了保证重庆市资源利用的可持续性，在不影响社会经济发展的前提下，应适当降低生态足迹需求，提高生态承载能力，逐步减小生态赤字和生态超载量，采取必要的措施。第一，倡导节约型的生产和生活方式，发展循环经济，形成低投入、低消耗、低排放和高效率的节约型增长模式，淘汰消耗高、污染重、技术落后的工艺和产品。第二，采用高新技术和节能技术开发新资源，提高资源利用效率，生产和使用高效节能产品。第三，合理利用和保护资源，控制不合理的资源开发活动，提高资源对经济社会发展的保障能力。第四，控制人口规模，坚持稳定现行生育政策，提高人口素质，改善人口结构。第五，优化产业结构，发展现代农业，提高土地生产能力，推动工业技术进步和产业产品升级，更多依靠产业结构优化升级推动经济增长和社会进步。

生态足迹方法定量测算了一定社会经济发展阶段和技术条件下人类活动对生态系统影响的累积效应，通过生态赤字和生态超载提示人们制定更科学的资源可持续利用政策。尽管生态足迹必须小于生态承载能力这一基本条件具有一定的局限性，但是在目前的人口和技术条件下，这一基本条件在大部分地区都没有得到满足，已经显示出社会经济发展与资源利用的尖锐矛盾，以及进一步发展对资源的潜在压力。通过分析生态足迹，制定资源利用合理目标，可以增加使用重要资源的可持续性。

3.2　重庆市人口承载力情景预测

3.2.1　城市人口承载力预测方法

1. "可能-满意度" 法

"可能-满意度" 法是一种多目标决策方法，它是在系统分析的基础上，根据主观判断目标的影响因素，建立一套决策指标体系，同时对各个指标作出科学评价，从 "可能" 和 "满意" 两个方面定量描述达到目标的程度（王浣尘，1982）。"可能" 反映实现目标的客观容许程度和可行性，"满意" 反映实现目标的主观愿望。

如果一件事肯定能够做到，那么从可能的程度上来讲，它的把握为最大，其 "可能度" 为最高，定量描述记为 p，并定义为 $p = 1$；如果一件事肯定做不到，则就可用 $p = 0$ 来表示。p 从 0 到 1 之间的实数就可以表示其相应的各种不同的可能程度，$p \in [0, 1]$。

一件事出现以后，从人们的主观愿望来说 "是否满意" 也存在客观依据。但是，"满意" 的评判标准比 "可能" 的评判标准更具主观随意性。采用 "满意度" 这个定量指标来描述满意的程度，记为 q。当完全满意的时候，取 $q = 1$；当完全不满意的时候，取 $q = 0$。从 0 到 1 之间的实数就可以表示其相应的各种不同的满意程度，$q \in [0, 1]$。

如果一件事对某个属性 r 具有可能度曲线 $p(r)$，其对另一个属性 s 具有满意度曲线 $q(s)$，而 r 和 s 同另一个属性 a 满足某个关系式，即限制条

件 $f(r, s, a) = 0$，那么就可以设法将 $p(r)$ 和 $q(s)$ 并合成一条相对于属性 a 的"可能-满意度"曲线，它定量地描述了既可能又满意的程度，用 w 表示，即 $w \in [0, 1]$。当 $w = 1$ 时，表示既完全可能又完全满意；当 $w = 0$ 时，表示或者完全不可能，或者完全不满意，或者既完全不可能又完全不满意。

2. 人口承载力预测的"可能-满意度"模型

适度人口规模是指在一定的经济和技术条件下，一个国家或地区在一定资源环境承载力和人们满意程度目标下的适宜人口数量。本章将生态足迹和"可能-满意度"法引入适度人口规模研究中：一方面，从生态承载力的"可能度"出发，分析一定区域提供的生态产品和服务能够承载的最大人口数量；另一方面，从生态足迹的"满意度"出发，分析该区人们对生态产品和服务消费的满意程度。通过二者的耦合，寻找区域生态承载力的"可能度"和该区人们对生态足迹的"满意度"达到一个均衡点时的人口数量，即为适度人口规模。

对于一个区域而言，用 r 表示生态承载力，假设该区能够提供的最大生态承载力为 r_A，则该区肯定能够提供小于或等于 r_A 的生态承载力，有完全的把握，即 $p(r \leqslant r_A) = 1$；同样，假设该区肯定不能提供的最小生态承载力为 r_B，则 $p(r \geqslant r_B) = 0$。介于 $r_A \sim r_B$ 的"可能度"值可用"S"形曲线来表示：

$$p(r) = \frac{1}{1 + \exp\left(2 - 4 \cdot \dfrac{r - r_B}{r_A - r_B}\right)}$$

同理，用 s 表示人均生态足迹，假设该区人们满意的最小人均生态足迹为 s_A，则该区人们肯定对大于或等于 s_A 的人均生态足迹完全满意，即 $q(s \geqslant s_A) = 1$；同样，假设该区人们肯定不满意的最大人均生态足迹为 s_B，则 $q(s \leqslant s_B) = 0$。介于 $s_A \sim s_B$ 的"满意度"值同样可用"S"形曲线来表示：

$$q(s) = \frac{1}{1 + \exp\left(2 - 4 \cdot \dfrac{s - s_B}{s_A - s_B}\right)}$$

在适度人口规模研究中，分别对生态承载力 r 具有可能度曲线 $p(r)$ 和对人均生态足迹 s 具有满意度曲线 $q(s)$，而 r、s 同人口规模 a 满足关系式 $a = r/s$，那么就可以采取一定的方法将 $p(r)$ 和 $q(s)$ 并合成一条相对于人口规模 a 的"可能-满意度"曲线，定量描述一定人口规模下的生态承载力

"可能度"和人均生态足迹"满意度"双向优化的程度。对两因素的合并算法主要有弱并合算法、强并合算法、乘并合算法、好坏搭配算法等（张瀛等，2003）。本部分采用弱并合算法，其数学方法描述如下：

$$w(a) = \max_{r(\text{或}s)} \min_{p, q} \{p(r) , q(s)\}$$

$$s.\ t.\ \frac{r}{s} - a = 0$$

$$r \in R, s \in S, a \in A$$

公式（3.8）求解的弱合并公式为

$$w(a) = \cfrac{1}{1 + \exp\left(2 - 4 \cdot \cfrac{-r_B + as_B}{(r_A - r_B) - a(s_A - s_B)}\right)}$$

需要说明的是，对于适度人口规模预测，"可能度"和"满意度"的确定关键是找出合理的临界点。生态承载力"可能度"临界点的确定受土地利用潜力和土地利用政策的限制，因此具有一定的客观性。相反，确定人们对人均生态足迹的"满意度"，由于反映的是人们的主观意识，因此比"可能度"有着较大的主观随意性，需要设计不同情景比较分析。

3.2.2　情景方案设计

根据生态足迹理论和方法，以 2009 年重庆市的主要商品消费量和土地利用现状数据为基础，计算和分析重庆市的生态足迹与生态承载力。结果显示（见表 3.5），2009 年重庆市的人均生态足迹为 1.884 hm^2，而实际人均可利用足迹仅为 0.498 hm^2，表明重庆市要维持现有的消费水平需要占用超过 3 倍于重庆市现有的生物生产性土地面积。在生态足迹构成中，化石燃料用地生态足迹最大，占全市人均生态足迹的 45.89%，其次为草地、水域和耕地，分别占 24.02%、10.40% 和 10.30%。在不扣除生物多样性保护土地面积的情况下，重庆市的耕地、林地和建设用地生态承载力相对较大。将生态足迹与生态承载力对比发现，2009 年重庆市产生生态赤字为 1.386 hm^2，其中耕地的生态赤字相对较小，草地和水域的生态赤字较大，由于人类没有专门留出一定数量的生物生产性土地用于吸收能源消耗排放的 CO_2，导致化石燃料用地产生的生态赤字最大。结果表明，粮食、蔬菜、水果等农产品消费基本上能够满足人们的需求，而肉类、鱼虾等动物产品消费的提高反映了人们生活质量的改善，也是生态系统食物链能量转化规律的体现。

表 3.5　重庆市 2009 年生态足迹与生态承载力汇总表

土地利用类型	生态足迹 / (公顷·人$^{-1}$)	土地利用类型	生态承载力 / (公顷·人$^{-1}$)
耕地	0.194	耕地	0.343
草地	0.509	草地	0.002
林地	0.029	林地	0.124
水域	0.196	水域	0.004
建设用地	0.015	建设用地	0.093
化石燃料用地	0.940	CO_2 吸收用地	—
总需求足迹	1.884	总供给足迹	0.565
		生物多样性保护	0.068
		可利用足迹	0.498

以生态系统能够提供的生态承载力作为人口规模的约束条件，把人们对生态产品和服务的需求作为人口规模变化的驱动因子，构建重庆市未来发展的生态承载力和生态足迹情景方案，以分析土地利用政策和消费水平对重庆市适度人口规模的影响。适度人口规模预测的"可能-满意度"模型中，生态承载力的现状值和情景值为"可能度"的临界值（见表 3.6），生态足迹的现状值和 4 种不同设计方案下的情景值为"满意度"的临界值（见表 3.7）。

表 3.6　重庆市生态承载力"可能度"临界值　　　单位：hm^2

土地利用类型	现状值	情景值
耕地	981.485	951.288
林地	353.345	376.636
草地	4.498	2.285
建设用地	265.617	308.696
水域	11.680	12.000
生态承载力	1 616.625	1 650.905

表3.7　重庆市生态足迹"满意度"临界值

单位：公顷·人$^{-1}$

土地利用类型	现状值	情景值			
		维持现状	缓慢增长	快速增长	高速增长
耕地	0.194	0.194	0.210	0.290	0.430
林地	0.029	0.029	0.040	0.060	0.080
草地	0.509	0.509	0.590	0.760	0.930
建设用地	0.015	0.015	0.020	0.030	0.050
水域	0.196	0.196	0.230	0.390	0.590
生态足迹	1.884	1.884	2.190	2.700	3.380

生态承载力的规划情景：依据《重庆市土地利用总体规划（2006—2020）》，到2020年，全市农用地达到701.72万 hm^2，其中耕地保有量不低于217.07万 hm^2；建设用地规模控制在70.44万 hm^{2}以内，其中新增建设用地规模控制在14.63万 hm^{2}以内；未利用地减少到50.53万 hm^2。通过生态足迹法计算得到，2020年重庆市生态承载力比2009年增加34.28万 hm^2，其中林地和建设用地承载力增加明显。假设在土地利用总体规划顺利实施的情况下，重庆市各类土地利用的面积能够达到预期规划目标，从而将2020年土地利用各类型的规划面积转化为的生物生产性面积作为重庆市适度人口规模预测的"可能度"临界值。

按照2007年世界银行报告的最新划分标准，人均总国民收入（GNI）875美元以下为低收入水平，876~3 465美元为下中等收入水平，3 466~10 075美元为上中等收入水平，而10 076美元以上为高收入水平。根据这个收入划分标准，《地球生命力报告（2008）》把全球划分为高收入国家、中等收入国家和低收入国家，并计算了各个类型地区的生态足迹。比较重庆市与不同收入水平地区的人均生态足迹可以发现，重庆市高于低收入国家的人均生态足迹，而明显低于高收入国家和中等收入国家的人均生态足迹。按照收入划分标准，重庆市介于低收入和中等收入之间，这个结果与实际情况基本相符。目前，重庆市的社会经济均处于稳步发展时期，人们消费水平和生活质量逐步提高，未来10年降低人均生态足迹的难度较大，因此本书根据中等收入国家、高收入国家和世界平均水平的人均生态足迹设计重庆市适度人口规模预测的情景值。

生态足迹的维持现状情景：假设重庆市未来10年人们消费生态产品和

服务的水平和结构维持现状，以 2009 年生态产品和服务消费转化的各土地利用类型的生态足迹作为情景值。因此，适度人口规模主要取决于土地利用结构变化后的生态承载力水平。

生态足迹的缓慢增长情景：重庆市未来 10 年人们消费生态产品和服务达到世界平均水平，以《地球生命力报告（2008）》中世界平均水平的各土地利用类型的人均生态足迹作为情景值，人均生态足迹的增长率为 16.24%，其中增长最快的林地和建设用地，分别为 37.93% 和 33.33%。

生态足迹的快速增长情景：重庆市未来 10 年人们消费生态产品和服务达到中等收入国家水平，以《地球生命力报告（2008）》中中等收入国家各土地利用类型的人均生态足迹作为情景值，人均生态足迹的增长率为 43.31%，其中增长最快的是林地和建设用地，分别为 106.90% 和 100.00%。

生态足迹的高速增长情景：重庆市未来 10 年人们消费生态产品和服务达到高收入国家水平，以《地球生命力报告（2008）》中高收入国家各土地利用类型的人均生态足迹作为情景值，人均生态足迹的增长率为 79.41%，其中增长最快的建设用地和水域，分别为 233.33% 和 201.02%。

3.2.3　重庆市人口承载力预测

以重庆市常住人口为研究对象，将"可能-满意度"法应用到重庆市适度人口规模的决策中，定量描述该区提供的生态产品和服务承载一定人口规模的"可能度"，以及该区人们对消费生态产品和服务的"满意度"，并最终确定重庆市的适度人口规模。根据"可能-满意度"的原理，利用 MATLAB 编写程序进行计算，得到不同情境方案下的重庆市适度人口规模以及对应的"可能-满意度"（见表 3.8）。结果显示，在一定的生态承载力约束下和不同生态足迹情境方案下的适度人口规模大小顺序为：维持现状>缓慢增长>快速增长>高速增长。

就维持现状方案而言，虽然适度人口规模达到 3 787 万人，但是其"可能-满意度"只有 0.67，仅高于高速增长方案。从人们期望获得更高生活水平来考虑，维持现状的生态产品和服务消费很难让人们满意，这意味着这个方案是难以实现的。

就快速增长和高速增长方案而言，适度人口规模明显低于维持现状方案，而其"可能-满意度"存在显著差异。结果表明，生态产品和服务消费增长虽然在　定程度下提高了人们的"满意度"，但是生态环境能够承载的人口规模则明显减少。此外，"可能-满意度"是由"可能度"和"满意度"共同决定的，虽然快速增长的生态产品和服务消费可以显著提高人们的"满意度"，但是消费进一步提升，势必会导致生态承载力的"可能度"大幅度降低，直接决定了"可能-满意度"的下降。显然，这两种方案均以盲目增长生态产品和服务消费需求为目标，明显超过重庆市生态系统自身的承载力，因此这两种方案都是不可取的。

就缓慢增长方案而言，适度人口规模低于维持现状方案，但是"可能-满意度"则明显高于其他 3 种方案。这主要是因为，人们消费的生态足迹缓慢增长，一方面使人们的"满意度"与维持现状相比明显升高；另一方面这一方案并不会显著降低重庆市承载一定人口规模的"可能度"。因此，该方案是最优的，可作为重庆市人口发展决策参考依据。

表 3.8　不同情景方案下的重庆市适度人口规模和"可能-满意度"

单位：公顷

土地利用类型	现状值	情景值
耕地	981.485	951.288
林地	353.345	376.636
草地	4.498	2.285
建设用地	265.617	308.696
水域	11.680	12.000
生态承载力	1 616.625	1 650.905

3.3　小结

本章通过结合生态足迹法和"可能-满意度"法，在生态承载力约束下，构建了 4 个生态足迹的情景方案来预测重庆市适度人口规模。结果表明，在土地利用总体规划的政策约束下，不同的生态产品和服务消费增长模式和政策取向，对区域适度人口规模有显著影响。本书的主要研究结论如下：

第一，4 种生态足迹情景方案中，生态足迹缓慢增长下的"可能-满意度"最高，重庆市适度人口规模为 3 306 万人；生态足迹高速增长下的重庆市适度人口规模最小，并且"可能-满意度"也最低。依据重庆市城市总体规划目标，2020 年人口规模达到 3 290 万人，与本书研究的结果基本一致，进一步说明了提出的适度人口规模预测方法在重庆市应用的可行性以及评价结果的正确性。

第二，重庆市适度人口规模主要取决于土地利用变化与人们生态产品和服务消费结构和水平的变化。一方面，土地利用总体规划的实施可以增加林地和建设用地的承载力，但是耕地承载力的下降使重庆市生态承载力增长存在一定的不确定性；另一方面，重庆市正处在经济发展和城市化快速增长时期，人们提高生活水平的期望必然会增加生态产品和服务的消费量，进而增加生态足迹。因此，重庆市应该充分发挥土地利用总体规划的统筹管控作用，落实最严格的土地管理制度，严格实施土地利用总体规划。另外，通过引导人们改变消费方式，尽可能多地采取使用可再生能源等措施降低人均生态足迹的增长速度。

第三，本部分将生态足迹引入"可能-满意度"模型，主要目的在于为适度人口规模预测研究提供一种新思路。与传统的承载力分析法、概念性模型、系统动力学模型等预测方法相比，本书提出的方法将主观和客观、定性分析和定量分析相结合，综合考虑区域的土地利用和人们的消费水平，可以有效预测一定生态承载力约束下和不同生态足迹情景下的适度人口规模。

4 山地城市经济承载力评价

4.1 城市经济承载力评价的意义和必要性

4.1.1 城市经济承载力评价的意义

2021 年 3 月，十三届全国人大四次会议表决通过了关于"十四五"规划和 2035 年远景目标纲要的决议。其《规划纲要》指出：按照资源环境承载能力合理确定城市规模和空间结构，统筹安排城市建设、产业发展、生态涵养、基础设施和公共服务。立足资源环境承载能力，发挥各地区比较优势，促进各类要素合理流动和高效集聚，推动形成主体功能明显、优势互补、高质量发展的国土空间开发保护新格局。以中心城市和城市群等经济发展优势区域为重点，增强经济和人口承载能力，带动全国经济效率整体提升。在中西部有条件的地区，以中心城市为引领，提升城市群功能，加快工业化城镇化进程，形成高质量发展的重要区域。破除资源流动障碍，优化行政区划设置，提高中心城市综合承载能力和资源优化配置能力，强化对区域发展的辐射带动作用。

2021 年 3 月，重庆市人民政府印发《重庆市国民经济和社会发展第十四个五年规划和二〇三五年远景目标纲要》（以下简称《规划纲要》），《规划纲要》指出：统筹规划布局，改善人居环境，提升城市综合承载能力，有效承接中心城区功能和产业外溢，加快人口和产业集聚，构建"四个同城化先行区、四个支点城市、四个桥头堡城市"的发展格局。加快区县城公共服务设施、环境卫生设施、市政公用设施、产业培育设施提级扩能，提升城市功能品质和综合承载能力。

城市是人口分布、资源消耗和环境污染的集中区域，是一个区域社会经济发展的重要载体，城市可持续发展是区域可持续发展的重要内容。随着工业进程的发展，城镇化率的提高，越来越多的人涌向城市，各种城市"病"也逐渐显露并影响城市的进一步发展。城市经济承载力研究是对城市可持续发展与城市资源生态环境之间关系的研究，这关系到城市周边地区顺利实现可持续发展目标。因此，开展城市经济承载力研究具有重要理论价值，了解与掌握城市经济承载力对城市规划和城市定位来说具有很强的指导意义，这也引起了学术界和各级政府的广泛关注。重庆市作为西部地区重要的区域增长极，研究重庆市城市经济承载力对西部地区城市绿色发展和经济高质量发展具有重要的参考价值。

4.1.2 城市经济承载力评价的必要性

我国经济进入新常态，是经济发展到一定阶段后表现出来的现实状况，同时也是经济发展到特定时期一种状态的概括和总结，通过对经济新常态内涵的深入了解，可以预见经济新常态对当前城市经济会产生重大而深远的影响。①经济新常态背景下城市经济的活跃度降低，总体的经济增长速度放缓，城市经济无论是增速还是活跃程度都发生了很大的变化；②城市的经济的发展模式不断出现新的变化，过去主要以房地产企业为城市的龙头企业，当前房地产经济逐渐疲软，泡沫日益增加，在这种情况下，寻求新的经济增长模式是城市经济持续发展的重要前提条件；③城市经济的发展着力点需要新的动力，房地产一枝独秀的经济格局已经被打破，城市经济发展着力点的丧失会给城市经济的发展造成不利的影响（王彩霞，2016）。

城市经济的健康持续发展面临着众多挑战。第一，城市经济发展的结构性矛盾十分突出，经济发展方式单一、产业结构不合理等情况日益凸显，是导致经济发展速度放缓的重要因素，也是目前城市经济发展当中存在的主要问题。第二，城市经济增长模式不科学，增速减慢。第三，城市经济发展处于转型关键期，各种社会经济矛盾凸显。在目前城市经济的发展当中，房地产企业仍然是经济增长的关键，再加上近年来各种系统性和区域性的金融潜在风险，更使得城市经济发展面临各种困难。第四，城市经济的发展方向不明确。由于相当长的一段时间内，国家经济的发展都会处在一种胶着的状态中，必须要有明确的发展方向和健全的体系才能保证城市经济获得持续发展（张升峰，2018）。

4.2 城市经济承载力评价指标体系与评价方法

4.2.1 城市经济承载力的概念与研究进展

城市经济承载力是城市承载力或城市综合承载力的重要组成部分之一，是从资源承载力、环境承载力、生态承载力等相关研究延伸演化而来的。目前学术界对于城市经济承载力没有形成统一共识，但总体来讲对城市经济承载力概念的界定有两类（孔凡文 等，2013）。其中一类是以资源环境为主体，以经济总量或规模为承载对象进行定义。施海燕（2008）认为区域经济承载力是指在一定经济区域、一定时期内，在确保资源合理开发利用和生态环境良性循环的条件下，人口、资源、生态等各要素所能承载的经济社会总量的能力，它除了受其物质基础——区域资源和环境的制约外，还受区域发展水平、产业结构特点、科技水平、人口数量与素质等多方面的影响，但在某一阶段又具有相对稳定性。冯晓华等（2009）提出，城市经济承载力主要是指在一定时期，一定的城市空间区域内，一定的经济、社会、生态环境条件下，城市的生产要素组合所能承载的城市最优经济规模。郭志伟等（2008）认为，经济承载力是指在当前的技术水平和生产条件下，在确保生态环境良性循环的前提下，城市的经济资源总量对该空间内人口的基本生存和发展的支撑力。目前经济承载力研究主要分为三类：一是从资源环境角度研究，诸如城市资源环境承载力、土地承载力、水资源承载力和人口承载力等单一要素；二是对特定城市（县）的研究，如对海宁市、北京市、沈阳市、大连市和民勤县等地的研究；三是根据特定区域选取一定数量的城市作为研究对象，如河北省 11 个城市的城市综合承载力比较分析、我国 15 个副省级城市的城市经济承载力评价、湖南"3+5"城市群综合承载力评价等（蔡永龙 等，2017）。

4.2.2 数据来源

本章数据来源于《重庆统计年鉴》《重庆直辖 10 周年——数据与分析》以及重庆市各区县统计年鉴和社会经济统计公报。研究时间段为 1997—2017 年，研究区域为重庆市主城都市区，包括渝中区、大渡口区、江北区、沙坪坝区、九龙坡区、南岸区、北碚区、渝北区、巴南区、涪陵区、长寿区、江津区、合川区、永川区、南川区、綦江区、大足区、璧山区、铜梁区、潼南区、荣昌区21个区。

4.2.3 指标选取及标准化

经济承载力作为一个综合性的概念，涵盖了人口、环境、社会和经济等多方面的因素。基于经济承载力的内涵，经济承载力评价指标的选取在遵循科学性、系统性、可操作性等基本原则的基础上，还考虑了重庆市资源、环境与社会经济发展的自身特点以及数据的可获得性（吕若曦 等，2018）。在长江经济带和西部大开发战略背景下，选取城镇登记失业人员比重、人均GDP、第二产业占GDP比重、第三产业占GDP比重、GDP增长率、全社会固定资产投资增长率、人均社会消费品零售额、人均财政收入、城镇非私营单位在岗职工年平均工资9个评价指标构建城市经济承载力评价指标体系（见表4.1），并进行综合评价。本研究采用极差法对数据进行无量纲化处理，评价指标分为效益型指标和成本型指标两类。

表4.1　城市经济承载力评价指标体系

评价目标	评价指标	单位	指标性质	权重
城市经济承载力	城镇登记失业人员比重（x_1）	%	负向	0.094
	人均GDP（x_2）	元	正向	0.105
	第二产业占GDP比重（x_3）	%	正向	0.146
	第三产业占GDP比重（x_4）	%	正向	0.192
	GDP增长率（x_5）	%	正向	0.108
	全社会固定资产投资增长率（x_6）	%	正向	0.084
	人均社会消费品零售额（x_7）	元	正向	0.068
	人均财政收入（x_8）	元	正向	0.098
	城镇非私营单位在岗职工年平均工资（x_9）	元	正向	0.105

（1）效益型（正向）指标。评价指标与城市经济承载力在一定范围内成正相关关系，例如人均GDP、GDP增长率等。效益型指标标准化方法如下：

$$\mu(x) = \begin{cases} 1, & x \geqslant b \\ \dfrac{x-a}{b-a}, & a < x < b \\ 0, & x \leqslant a \end{cases} \qquad (4.1)$$

式中，$\mu(x)$ 为评价指标的标准化值，x 为评价指标的原始值，a 和 b 为指标的评价标准。评价标准主要参考以下依据：一是北、上、广、深城市相关指标的现状值；二是国内外相关文献中确定的目标值；三是结合重庆市实际情况和社会经济发展水平，征求相关专家和政府部门人员意见确定的经验值（代富强 等，2014）。$\mu(x)$ 值介于 $0 \sim 1$，$\mu(x)$ 值越大表示该评价指标对城市经济承载力的贡献越大，反之贡献越小。

（2）成本型（负向）指标。评价指标与城市经济承载力在一定范围内成负相关关系，例如城市登记失业人员比重。成本型指标标准化方法如下：

$$\mu(x) = \begin{cases} 1, & x \leqslant a \\ \dfrac{b-x}{b-a}, & a < x < b \\ 0, & x \geqslant b \end{cases} \qquad (4.2)$$

4.2.4　指标权重确定

层次分析法（analytic hierarchy process，AHP）是美国运筹学家 T. L. Saaty 于 20 世纪 70 年代提出的一种定性与定量相结合的决策分析方法。AHP 法的基本原理就是把所要研究的复杂问题看作一个大系统，通过对系统的多个因素的分析，划分出各因素间相互联系的有序层次；再请专家对每一层次的各因素进行较客观的判断后，给出相对重要性的定量表示；进而建立数学模型，计算出每一层次全部因素的相对重要性的权数，并加以排序；最后根据排序结果进行规划决策和选择解决问题的措施。层次分析法的基本过程，大体可以分为如下四个步骤（徐建华，2002）：

（1）建立层次结构。弄清问题的范围，所包含的指标，各指标之间的关系。将问题所含的指标进行分组，把每一组作为一个层次，按照最高层（目标层）、若干中间层（准则层）以及最低层（指标层）的形式排列起来。在城市经济承载力评价中，经济承载力为目标层，城镇登记失业人员比重、人均 GDP、第二产业占 GDP 比重、第三产业占 GDP 比重、GDP 增长率、全社会固定资产投资增长率%、人均社会消费品零售额、人均财政收入、城镇非私营单位在岗职工年平均工资 9 个指标作为决策层，测算各个指标对经济承载力的贡献大小。

（2）构造判断矩阵。判断矩阵表示针对上一层次中的某元素而言，评定该层次中各有关元素相对重要性的状况，其形式见表4.2。其中，b_{ij} 表示对于 A_k 而言，指标 B_i 对 B_j 的相对重要性的判断值。B_{ij} 一般取1，3，5，7，9这5个等级标度，其意义为：1表示 B_i 与 B_j 同等重要；3表示 B_i 较 B_j 稍微重要；5表示 B_i 较 B_j 明显重要；7表示 B_i 较 B_j 强烈重要；9表示 B_i 较 B_j 极其重要。而当5个等级不够用时，可以使用2，4，6，8表示相邻判断的中值（见表4.3）。

表4.2 评价指标相对重要性的判断矩阵

A_k	B_1	B_2	...	B_n
B_1	b_{11}	b_{12}	...	b_{1n}
B_2	b_{21}	b_{22}	...	b_{2n}
$\vdots$	$\vdots$	$\vdots$	...	$\vdots$
B_n	b_{n1}	b_{n2}	...	b_{nn}

表4.3 判断矩阵标度含义

标度	含义
1	表示两个因素相比，具有相同重要性
3	表示两个因素相比，前者比后者稍重要
5	表示两个因素相比，前者比后者明显重要
7	表示两个因素相比，前者比后者强烈重要
9	表示两个因素相比，前者比后者极端重要
2，4，6，8	表示上述相邻判断的中间值
倒数	若因素 i 与因素 j 的重要性之比为 a_{ij}，那么因素 j 与因素 i 之比为 $a_{ij} = 1/a_{ij}$

（3）层次单排序及一致性检验。对每个判断矩阵计算最大特征值及其对应的特征向量，利用一致性指标、随机一致性指标和一致性比率做一致性检验。若检验通过，特征向量（归一化后）即为权向量；若不通过，需要重新构造判断矩阵。计算步骤如下：

①将判断矩阵每一列归一化处理。

$$\bar{\bar{b}}_{ij} = b_{ij} \Big/ \sum_{k=1}^{n} b_{kj} \quad (i = 1, 2, \cdots, n) \tag{4.3}$$

②对按列归一化处理后的新判断矩阵,再按行求和。

$$\overline{W}_i = \sum_{j=1}^{n} \overline{b}_{ij} \quad (i = 1, 2, \cdots, n) \tag{4.4}$$

③将求和后的向量做归一化处理。

$$W_i = \overline{W}_i / \sum_{i=1}^{n} \overline{W}_i \quad (i = 1, 2, \cdots, n) \tag{4.5}$$

④ $W = [W_1, W_2, \cdots, W_n]'$ 则为所求的特征向量。计算最大特征根。

$$\lambda_{\max} = \sum_{i=1}^{n} \frac{(AW)_i}{nW_i} \tag{4.6}$$

⑤计算一致性指标。

$$CI = \frac{\lambda_{\max} - n}{n - 1}$$

$$CR = \frac{CI}{RI}$$

其中,CI 为一致性指标,RI 为平均一致性指标;当 CR<0.1 时,即认为判断矩阵具有满意的一致性(邓雪 等,2012)。

(4)层次总排序及一致性检验。得到每一个要素相对于上一层次对应要素的权重值后,通过层次总排序计算出每一个评价指标相对于总目标适宜性评价的权重值,并进行一致性检验。若通过,则可按照总排序权重值表示的结果进行决策,否则需要重新考虑模型或重新构造那些一致性比率较大的判断矩阵。层次总排序见表4.4。

表4.4 层次总排序

层次A \\ 层次B	A_1 a_1	A_2 a_2	$\cdots$ $\cdots$	A_m a_m	B 层次的总排序
B_1	b_1^1	b_1^2	$\cdots$	b_1^m	$\sum_{j=1}^{m} a_j b_1^j$
B_2	b_2^1	b_2^2	$\cdots$	b_2^m	$\sum_{j=1}^{m} a_j b_2^j$
$\vdots$	$\vdots$	$\vdots$		$\vdots$	$\vdots$
B_n	b_n^1	b_n^2	$\cdots$	b_n^m	$\sum_{j=1}^{m} a_j b_n^j$

4.2.5　评价模型

基于构建城市经济承载力评价指标体系，采用加权求和法计算重庆市主城都市区经济承载力指数。具体公式如下：

$$ECC_i = \sum_{j=1}^{9} w_j u(x_{ij})$$

式中，ECC_i 为第 i 区的经济承载力指数，w_j 为第 j 各评价指标的权重，$u(x_{ij})$ 为第 i 区第 j 项评价指标的标准化值。

4.3　重庆市经济承载力评价

4.3.1　重庆市经济承载力评价结果

根据构建的城市经济承载力评价指标体系和评价方法，最终计算得到1997—2017 年重庆市 21 个区经济承载力的总体水平，见表4.5。结果表明，重庆市经济承载力水平呈现出区域差异，经济承载力水平与其经济发展水平有着一定的正相关性，经济发展较好的区经济承载力水平也较高。

经济承载力水平平均值排名前 10 的区，主要集中在重庆市中心城区的7 个区、1 个同城化发展先行区和 2 个重要战略支点城市。然而排名前 10 区的经济承载力水平也存在一定差异，排名第一的渝中区经济承载力指数为0.602，明确高于其他区。从经济发展水平看，渝中区经济发达程度和经济承载力水平均较高，说明渝中区具有较高的经济发展可持续能力，产业结构主要以第三产业为主，基本完成了产业结构升级转换。排名前 10 的中心城区还有江北区、九龙坡区、巴南区、永川区、沙坪坝区、渝北区、涪陵区和南岸区，经济承载力指数介于 0.5~0.6，同样表现出较高的经济可持续能力，在产业结构中以第三产业和第二产业为主，产业结构较为合理。除经济规模和产业结构外，排名前 10 位的区经济承载力水平较高还归因于较高的全社会固定资产投资增长率、居民消费水平和城镇职工收入水平。

表 4.5　重庆市经济承载力评价结果

地区	1997 年	2002 年	2007 年	2012 年	2017 年	平均值	排名
渝中区	0.480	0.484	0.577	0.758	0.712	0.602	1
江北区	0.279	0.362	0.662	0.814	0.866	0.596	2
九龙坡区	0.395	0.377	0.602	0.804	0.780	0.591	3
巴南区	0.274	0.379	0.460	0.743	0.756	0.523	4
永川区	0.380	0.442	0.553	0.554	0.680	0.522	5
沙坪坝区	0.174	0.380	0.529	0.673	0.807	0.513	6
渝北区	0.388	0.357	0.426	0.646	0.717	0.507	7
涪陵区	0.381	0.444	0.438	0.571	0.682	0.503	8
南岸区	0.307	0.297	0.523	0.682	0.694	0.501	9
江津区	0.363	0.497	0.487	0.504	0.602	0.491	10
大渡口区	0.187	0.322	0.407	0.728	0.795	0.488	11
大足区	0.323	0.486	0.463	0.485	0.617	0.475	12
合川区	0.323	0.455	0.485	0.489	0.609	0.472	13
南川区	0.356	0.376	0.401	0.557	0.647	0.467	14
北碚区	0.261	0.376	0.476	0.569	0.587	0.454	15
长寿区	0.278	0.384	0.405	0.563	0.611	0.448	16
璧山区	0.342	0.343	0.407	0.535	0.552	0.436	17
铜梁区	0.354	0.415	0.395	0.523	0.474	0.432	18
綦江区	0.244	0.415	0.383	0.516	0.600	0.432	19
潼南区	0.240	0.383	0.425	0.493	0.595	0.427	20
荣昌区	0.352	0.378	0.405	0.463	0.473	0.414	21

4.3.2　重庆市经济承载力时间演化

根据重庆市经济承载力评价结果，分析重庆主城都市区经济承载力的时间变化特征（李航 等，2017）。

（1）总体变化趋势。如图 4.1 所示，重庆市经济承载力指数平均值由 1997 年的 0.318 增加到 2017 年的 0.660，总体上呈现稳步上升趋势。经济承载力指数的离散程度具有波动性，经济承载力指数在各区间的离散程度呈现先减小再扩大的变化特征。图 4.1 中经济承载力指数箱型图显示各年份经济承载力指数的平均值、中位数、最小值、最大值等统计特征变化趋势。1997 年重庆市成为我国第四个直辖市，经济承载力指数平均值较低，各区之间经济承载力水平相差较大，渝中区最高，为 0.480，沙坪坝区最低，为 0.174。2002 年经济承载力平均值明显提高，这主要归因于 1997 年得分较低区在 5 年间的快速发展，最大值和最小值的差距缩小。2007 年经济承载力指数的平均值、最小值、最大值均有明显提高，特别是最大值由 2002 年的 0.497 增长到 2007 年的 0.662，在重庆主城区逐渐形成了高经济承载力聚集区。2002 年经济承载力指数的平均值、最小值、最大值继续保持快速增长的趋势，分别提高到 0.603、0.463 和 0.814，从整体到局部的经济承载力水平均有显著提升。2017 年经济承载力指数的平均值、最小值、最大值继续保持增长趋势，但是增加幅度变缓，甚至部分区的经济承载力指数出现下降。

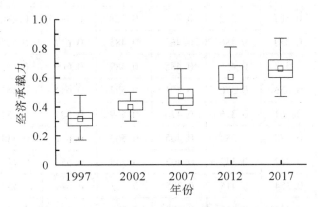

图 4.1 重庆主城都市区经济承载力变化统计特征

（2）平均水平变化趋势。经济承载力指数平均值变化可以分为三阶段。第一阶段为 1997—2007 年，重庆市经济承载力水平逐渐提高。随着 1997 年重庆直辖，社会经济快速发展和重工业得到有效治理，使得重庆市经济可持续发展能力加强。经济承载力指数标准差呈现出波动上升的趋势，且总体变化的数值较大，数值范围在 0.092~0.112，说明 1997—2007 年重庆市经济承载力水平区际差异呈现扩大的趋势。第二阶段为 2008—2012 年，重庆市经济承载力水平快速提升。2009 年国务院发布《国务院关于推进重庆市统筹城乡改革和发展的若干意见》，把重庆改革发展上升为国家战略，要求重庆市加快统筹城乡改革和发展，为全国统筹城乡改革提供示范。优化产业结构，提高环境保护标准，减少污染物排放和能源消耗等举措使得重庆市在此期间经济承载力水平大幅提高。经济承载力指数标准差呈现出波动下降的趋势，且下降幅度大于第一阶段波动上升的幅度，数值变化介于0.054~0.112，说明该阶段重庆市经济承载力水平的区域差异不断减小。第三阶段为2013—2017年，重庆市经济承载力水平稳定增长。2010年2月，住房和城乡建设部发布的《全国城镇体系规划纲要（2010—2020年）》明确提出重庆国家中心城市的规划和定位。纲要提出要坚定不移地落实中央"四个全面"战略布局，践行五大发展理念，引领中国城市建设走出一条更高质量、更有效率、更加公平、更可持续的发展之路。在此阶段重庆市经济承载力水平继续保持增长趋势，但是增长趋势变缓。经济承载力指数标准差呈现出波动上升的趋势，在此阶段重庆市经济承载力水平在各区之间又表现出不断扩大的态势（见图4.2）。

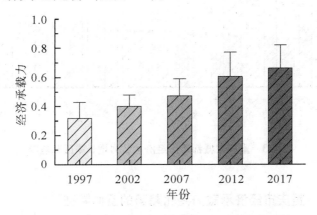

图4.2　重庆主城都市区经济承载力平均值和标准差

（3）区际增长差异。从重庆市主城都市区各区经济承载力水平变化趋势看，沙坪坝区1997—2017年增长最快，经济承载力指数年均增长率达7.96%。2017年，沙坪坝区实现地区生产总值（GDP）860.2亿元，比2016年增长7.1%。分产业看，第一产业增加值为5.3亿元，下降7.8%；第二产业增加值为374.6亿元，增长10.5%；第三产业增加值为480.3亿元，增长4.9%；三次产业结构比为0.6∶43.5∶55.9。其次是大渡口区，经济承载力指数从1997年的0.187增加到2017年的0.795，年均增长率为7.51%。再次为经济承载力指数增长的第二梯队，依次为江北区、巴南区、潼南区、綦江区。1997年渝中区的经济承载力指数位于首位，2002年和2007年经济承载力指数也位于前列，但在2012年以后出现放缓的趋势。2017年江北区超过渝中区成为经济承载力指数最高的区。从三次产业对地区生产总值的贡献程度和拉动力看，第一产业贡献率为2.0%，拉动地区生产总值增长 0.2 个百分点；第二产业贡献率为 66.1%，拉动地区生产总值增长 5.8 个百分点；第三产业贡献率为 31.9%，拉动地区生产总值增长 2.7 个百分点。南岸区、北碚区、长寿区经济承载力指数的增长幅度大致相同，其他区经济承载力指数年均增长率都低于 4%。

重庆主城都市区经济承载力增长率区际差异见图 4.3。

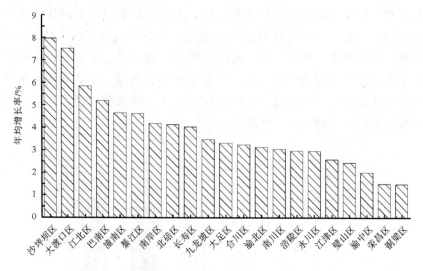

图 4.3　重庆主城都市区经济承载力增长率区际差异

4.3.3　重庆市经济承载力变化趋势的空间特征

为了分析重庆市经济承载力水平空间差异情况，利用 ArcGIS10.6 对各区经济承载力指数进行趋势分析，结果见图 4.4。趋势分析图中的每一条垂线代表重庆市一个区的经济承载力指数和位置，这些点被投影到一个东西向和一个南北向的正交平面上。通过投影点得到一条最佳拟合线，它模拟了东西和南北方向上存在的趋势。通过图 4.4 可以看出，重庆市主城都市区经济承载力水平在东西方向向中间靠拢，在南北方向也呈现出向中间靠拢的趋势（李建豹 等，2011）。

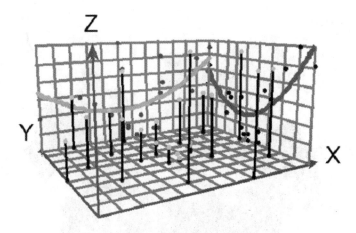

图4.4 重庆市经济承载力指数趋势分析

　　根据计算得到的重庆市主城都市区各区经济承载力指数，利用 Arc-GIS10.6 对计算结果进行空间可视化，结果如图4.5所示。

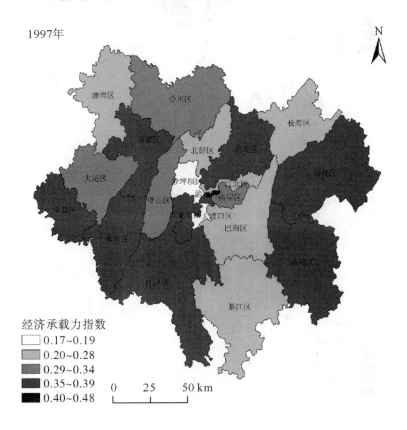

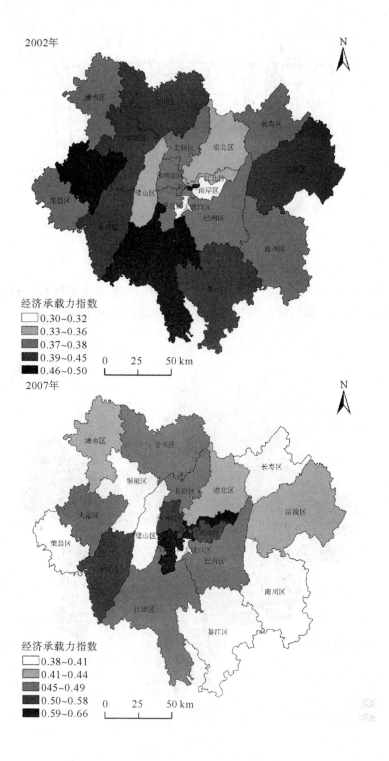

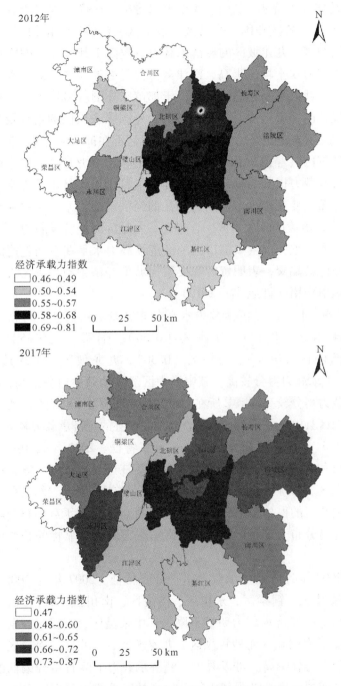

图 4.5 重庆主城都市区经济承载力空间演变格局
（1997、2002、2007、2012、2017 年）

（1）总体分布特征。从图 4.5 中可以看出，1997 年经济承载力指数高的区县大多在主城区外围，荣昌区、永川区、江津区、南川区、涪陵区、铜梁区、渝北区、九龙坡区的经济承载力指数高于其他区。2002 年总体上各区经济承载力水平均有提高，江津区、大足区的经济承载力水平增长明显，但经济承载力水平较高的区仍位于都市区外围。2007 年经济承载力水平的变化呈现向都市区中心集聚的趋势。外围除永川区的指数较高外，江北区、渝中区、九龙坡区、沙坪坝区、南岸区都在都市区的中心位置。2012 年都市区外围区县经济承载力指数低于中心区，九龙坡区、巴南区、大渡口区的经济承载力指数均较高。2017 年主城都市区经济承载力水平较高的区在空间分布上变化不大，但周边区县的经济承载力水平仍存在差异。与 2012 年相比，涪陵区、永川区、合川区、大足区的经济承载力水平明显提高。整体来看，重庆市主城都市区的经济承载力水平在空间上逐渐由外围区县向中心区县集聚，表明资源和要素向城市经济中心集聚，再由中心向外围发挥辐射作用（许旭 等，2010）。

（2）1997 年各区经济承载力水平分布特征。由图 4.5 可得，荣昌区（0.35）、永川区（0.38）、江津区（0.36）、铜梁区（0.35）、渝北区（0.39）、涪陵区（0.38）、南川区（0.36）、九龙坡区（0.39）、渝中区（0.48）经济承载力得分较高，其中渝中区经济承载力得分最高，为 0.48。由经济承载力得分较高的区县所在都市区的地理位置可以看出，在 1997 年，都市区四周区县的经济承载力较高，而中心区县的经济承载力较低。

（3）2002 年各区经济承载力水平分布特征。2002 年较 1997 年相比，整体的得分稍有提高，合川区、大足区、綦江区、江津区、潼南区、巴南区、沙坪坝区、长寿区的经济承载力较 1997 年有所提升。璧山区、綦江区、南岸区、渝北区的得分较 1997 年下降。但都市区经济承载力得分较高的区县大部分还是分布于都市区四周，经济承载力向中心靠拢的趋势还没有显示出来。

（4）2007 年各区经济承载力水平分布特征。2007 年与 2002 年相比，大足区、荣昌区、铜梁区、永川区、涪陵区、南川区、綦江区、璧山区、合川区、长寿区经济承载力明显下降。其中荣昌区、铜梁区、璧山区、长寿区的改变最为明显。而沙坪坝区、九龙坡区、江北区、南岸区、渝中区的经济承载力得分偏高。可以看出，经济承载力下降且得分偏低的区县位于都市区的四周，而经济承载力得分较高的区县位于都市区中心。2007 年都市区经济承载力向中心靠拢的趋势变得明显起来。

（5）2012 年各区经济承载力水平分布特征。中心区县九龙坡区、江北区、渝中区、巴南区、大渡口区的经济承载力明显高于周围区县,除南岸区经济承载力偏低。四周区县合川区、潼南区、大足区、荣昌区的经济承载力最低。中心区县经济承载力高于四周区县的形势已然形成。

(6) 2017 年各区经济承载力水平分布特征。中心区县的经济承载力得分依然高于四周区县,四周区县的经济承载力也在提高,但渝中区的经济承载力明显下降。

4.4　小结

本部分在分析城市经济承载力评价意义和必要性的基础上,梳理经济承载力的概念、内涵和基本理论,构建了城市经济承载力评价指标体系与评价方法,对重庆市主城都市区各区的经济承载力水平进行评价,利用探索性空间数据分析和 GIS 可视化制图对重庆市主城都市区经济承载力水平空间分布特征进行分析。结果表明:

(1) 重庆市经济承载力水平呈现出区域差异,经济承载力水平与其经济发展水平有着一定的正相关性,经济发展较好的区经济承载力水平也较高。经济承载力水平平均值排名前 10 的区主要集中在重庆市中心城区的 7 个区、1 个同城化发展先行区和 2 个重要战略支点城市。

(2) 从时间变化看,重庆市经济承载力指数平均值由 1997 年的 0.318 增加到 2017 年的 0.660,总体上呈现稳步上升趋势。经济承载力指数的离散程度具有波动性,经济承载力指数在各区间的离散程度呈现先减小再扩大的变化特征。经济承载力指数平均值变化可以分为三阶段,第一阶段为 1997—2007 年的逐渐提高,第二阶段为 2008—2012 年的快速提升,第三阶段为 2013—2017 年的稳定增长。

(3) 从空间变化看,重庆市主城都市区经济承载力水平在东西方向向中间靠拢,在南北方向也呈现出向中间靠拢的趋势。整体来看,重庆市主城都市区的经济承载力水平在空间上逐渐由外围区县向中心区县集聚,表明资源和要素向城市经济中心集聚,再由中心向外围发挥辐射作用。

5   山地城市环境承载力评价

　　山地城市是广义的概念，指主要分布在山地、丘陵和崎岖不平的高原等山区的城市，拥有与平原城市迥然不同的城市形态与生态环境（罗瑾 等，2013）。山地城市环境承载力指在某个特定时期内，将整个山地城市视作一个完整的系统，在保证系统能够稳定运行的前提下，系统包含的资源所能支撑的人口经济规模和接纳人类社会产生的废物总量极限值（王秦 等，2020）。山地城市由于其独特的自然地理环境和资源条件，加之人类活动剧烈，易超过系统环境承载极限值，造成环境污染、生态退化等诸多环境问题。因此，研究山地城市环境承载力是实现山区可持续发展的需要，对保障山地城市的生态安全具有重要意义。

　　国外环境承载力研究始于 20 世纪 70 年代初，以丹尼斯·梅多斯为代表的"罗马俱乐部"利用系统动力学模型对研究区范围内的资源环境与人的关系进行评价。随后，来自经济学、生态学等不同领域的学者对环境承载力开展了大量研究，环境承载力逐渐引起全社会的关注（谭映宇 等，2012）。我国学者关于环境承载力的研究起步较晚，主要就环境承载力的内涵及评价方法进行研究，并运用经验模型法、遥感以及系统动力学等方法对不同区域的环境承载力进行了评价和实证分析（徐琳瑜 等，2013）。目前，环境承载力研究大部分基于特定要素进行，如矿产资源承载力、水环境承载力、大气环境承载力、旅游资源承载力等（黄安 等，2021；万炳彤 等，2020；吴浩 等，2021；赵牡丹 等，2021）。与此同时，现阶段关于山地城市环境承载力评价的研究还少有报道。因此，本章尝试结合"压力—状态—响应（pressure-state-response，PSR）"模型和山地城市的环境特征，建立山地城市环境承载力评价指标体系和评价方法，并在重庆市进行实证研究，得出其综合水平和变化特征。

5.1 城市环境承载力评价的 PSR 概念模型

PSR 模型是由经济合作与发展组织（OECD）与联合国环境规划署（UNEP）共同提出的一种基于因果关系的概念模型，基本思路是人类活动对自然环境产生压力，导致自然资源数量和生态环境质量发生变化，并通过各种政策和管理措施等人类行为对这些变化发生响应，以维持自然环境的可持续性（张晓琴 等，2010）。由于 PSR 模型能较好地通过"压力—状态—响应"来体现人类与环境之间的相互作用关系，其被广泛应用于环境质量评价等领域。

从山地城市环境承载力的角度出发，一方面社会经济发展从环境中获取必须的资源，并向环境排放资源消耗剩余的废弃物，资源消耗和废弃物排放会对环境产生压力；另一方面山地城市独特的自然地理环境和资源条件加剧了人类活动对环境产生的影响。压力改变了自然资源的储量和环境中污染物的浓度，进而改变了环境质量，直接影响到人类的福利和活动。当环境状态因为压力因素的作用发生改变进而影响到人类正常活动之后，人类社会就会通过出台政策措施、改变自身的意识和行为等活动对环境的变化做出反应，以期改善环境让其达到理想的状态，努力将环境引入良性循环，这一系列过程就构成了人类与环境之间的"压力—状态—响应"关系（杨志 等，2011）。

5.2 城市环境承载力评价指标体系与评价模型

5.2.1 评价指标体系构建

按照 PSR 模型框架，结合山地城市的实际情况，将评价指标分为三类：第一类是压力指标，即人类活动对生态环境带来的压力，主要由每年产生的污染物指标构成，这类指标不采取措施处理就会改变环境成分，形成不良冲击；第二类是状态指标，由反映生态环境现状的指标构成，主要包含水质、空气质量和环境噪声等级等；第三类是响应指标，指决策主导者和管理者面对环境质量变化做出的响应，包括污染处理、绿化、清洁能源使用等（王亮根 等，2012）。

指标体系构建过程既要遵循相对完整性和独立性原则，同时又充分考虑山地城市的特点，并且努力避免指标之间的信息重复（郑恺 等，2012；郭娜 等，2011）。基于此，本书构建包含压力、状态和响应三大类，共计28项指标的评价指标体系。其中压力类指标由 COD、废水、二氧化硫、工业固废等污染排放指标组成；状态类指标包括 PM10、空气二氧化硫和二氧化氮浓度，以及年酸雨频率和年度水质指标，这一部分主要反映年度环境质量；响应类指标则涵盖了绿化、污水处理率、垃圾处理率、清洁能源使用率、能耗等，反映人类社会应对环境质量变化所采取措施的情况（冀振松 等，2013）。具体指标设置见表5.1。

表 5.1　山地城市环境承载力评价指标体系

目标层	准则层	权重	代码	指标层	权重
环境承载力评价	压力 A	0.312	A1	工业生活 COD 排放量/万吨	0.101
			A2	氨氮排放量/万吨	0.110
			A3	二氧化硫排放量/万吨	0.170
			A4	氮氧化物排放量/万吨	0.152
			A5	烟（粉）尘排放量/万吨	0.245
			A6	道路交通噪声平均等效声级/分贝	0.027
			A7	工业固废排放量/吨	0.049
			A8	废水排放总量/亿吨	0.069
			A9	城市生活垃圾排放量/万吨	0.078
	状态 B	0.198	B1	Ⅲ类水质断面比例/%	0.102
			B2	饮用水源地水质达标率/%	0.277
			B3	空气可吸入颗粒物（PM10）含量/（毫克·立方米$^{-1}$）	0.233
			B4	空气二氧化硫含量/（毫克·立方米$^{-1}$）	0.117
			B5	空气二氧化氮含量/（毫克·立方米$^{-1}$）	0.114
			B6	环境空气优良天数比例/%	0.068
			B7	降水酸雨频率/%	0.063
			B8	区域环境噪声平均等效声级/分贝	0.027

表5.1(续)

目标层	准则层	权重	代码	指标层	权重
环境承载力评价	响应 C	0.491	C1	城镇生活污水处理率/%	0.103
			C2	城市垃圾集中处理率/%	0.103
			C3	环境噪声达标区建成面积/平方公里	0.024
			C4	工业固废综合利用率/%	0.037
			C5	生活垃圾无害化处理率/%	0.101
			C6	绿化覆盖面积/公顷	0.060
			C7	建成区绿地覆盖率/%	0.060
			C8	环保投入占 GDP 比重/%	0.229
			C9	园林绿化投资/万元	0.066
			C10	万元 GDP 能耗/吨标准煤·万元$^{-1}$	0.066
			C11	清洁能源使用率/%	0.038

5.2.2　指标权重的确定

由于各项指标在环境承载力中所起到的作用不同，所以确定指标权重的关键是根据每个指标对环境承载力的影响，赋予相应的权重。参照相关文献和研究成果，在指标体系构建以及数据收集完成后，运用层次分析法确定各指标的权重。层次分析法可以处理定性和定量相结合的问题，在判断过程中融入了决策者的判断和经验，通过使用线性代数的方法和理论对数据进行深层次的挖掘，并把它作为抉择依据，具有很高的可信度和实用性（房睿，2012）。其计算过程通过比对指标两两之间的相对重要性，设定各相对重要性的数值，并进行一致性检验，形成较为合理的判断矩阵，尽量消除人为因素对权重设定的影响，最后计算得出比较客观的权重设定（见表5.1）。

5.2.3　评价模型

环境承载力评价的目的就是采用一定方法从大量的统计数据中得出规律，并且量化人类活动与区域环境之间的相互作用，为科学合理地制定和实施区域环境规划提供依据（刘仁志 等，2009）。由于指标体系中各个分量的量纲不同，所以不能直接对这些数据进行比较，为了消除量纲对环境承载力评价的影响，并且使经处理过的值限制在0~1，必须对原始数据进行标准化处理（郑国强 等，2004）。本研究所采用的方法如下：

当指标为"越大越优"时，按照如下公式计算：

$$Y_i = \begin{cases} 0, & X_i \leqslant A \\ (X_i - A)/(B - A), & A < X_i < B \\ 1, & X_i \geqslant B \end{cases} \quad (5.1)$$

式中，X_i为第 i 项评价指标，Y_i为 X_i 的标准化值，A、B 分别为评价标准的下限值和上限值（$A<B$）。

当指标为"越小越优"时，按照如下公式计算：

$$Y_i = \begin{cases} 0, & X_i \geqslant B \\ (B - X_i)/(B - A), & A < X_i < B \\ 1, & X_i \leqslant A \end{cases} \quad (5.2)$$

对指标进行标准化处理后，按照公式（5.3）将无量纲化后的值与其所对应的权重的乘积进行加权求和，所得的值即为环境承载力指数（徐琳瑜等，2013；王亚娟 等，2010）：

$$C = \sum_{i=1}^{n} w_i \cdot Y_i \quad (5.3)$$

式中，C 为环境承载力综合指数，w_i 为第 i 项指标的权重。

5.2.4　数据来源

本章数据来源于1999—2013年的相关统计资料，主要包括《中国统计年鉴》《中国环境统计年鉴》《重庆市统计年鉴》《重庆市环境状况公报》《重庆市环境统计公报》和《重庆市环境保护规划》等。

5.3　重庆市环境承载力评价

5.3.1　重庆市环境承载力评价结果

基于PSR模型框架，建立评价指标体系，运用层次分析法确定指标权重，并利用公式（5.1）和公式（5.2）进行标准化处理，最后利用公式（5.3）进行加权求和得到重庆市环境承载力综合指数，评价结果见表5.2。结果表明，2020年重庆市环境承载力指数为0.903，处于较高水平，环境状况整体较好，其中压力指数在可控范围内缓慢上升，状态和响应指数增长迅速。

表 5.2　重庆市 2000—2020 年环境承载力综合指数及准则层指数

年份	压力	状态	响应	综合指数
2000	0.453	0.273	0.124	0.256
2005	0.505	0.731	0.295	0.447
2010	0.584	0.840	0.678	0.681
2015	0.495	0.886	0.776	0.710
2020	0.806	0.969	0.938	0.903
年均增长率/%	2.93	6.55	10.65	6.51

从压力方面来看：2020 年重庆市废水排放总量为 12.15 亿吨，其中 COD 排放量为 32.06 万吨，氨氮排放量为 2.01 万吨，过量的 COD 和氨氮都会破坏水体平衡污染水质，现阶段治理压力仍旧较大。工业固体废物产生量为 2 272 万吨，城市生活垃圾产生量为 628.5 万吨，表明随着城市经济发展和产业规模的不断扩大，工业固体废物排放带来的压力也不断增加。大气污染物方面二氧化硫排放量为 6.75 万吨，氮氧化物排放量为 16.70 万吨，烟粉尘排放量为 8.47 万吨，三项排放指标均达到了"十三五"规划目标，说明随着传统工业的外迁，新能源的使用和工业自身的转型，大气污染物的排放量已经得到一定程度的控制。这一变化趋势也体现了压力指标内部变化方向的不一致性。

从状态方面来看：2020 年三类及以上水质断面比例达 94.4%，饮用水源地水质达标率达 100%，水体整体状况良好，饮用水安全系数较高，这也肯定了重庆市在保护水质安全和治理水体污染方面取得的成效。2020 年全年空气质量优良天数比例为 91.23%，优良天数增加到了 331 天，大气污染三项重要指标连续五年达到国家二级空气质量标准，处于全国的中上水平。与此同时，降水酸雨频率虽有回落，但仍有 52.9%，依然较高。大气指标整体持续好转，但部分指标受制于传统产业布局及地区气候等因素作用，仍旧需要逐步改善。

从响应方面来看：响应类指标反映的是人类社会面对环境问题所做出的积极响应，包括污染处理、环保投入、节能减排等。2020 年污水集中处理率达 97.95%，城镇生活垃圾无害化处理率达 100%，工业固废处置利用率达 90.15%，均已经提前达到"十三五"规划目标。说明重庆市在污染治理方面的工作已经取得了明显的效果。同时该年度环保投入达到 853.87 亿元，占 GDP 的比重达到了 3.42%，环保在社会经济中所处的地位显著提高。在绿化和能源方面，绿化覆盖率达到 42.9%，清洁能源的使用比例增加，能源使用效率提高，万元 GDP 能耗降为 0.3 吨标准煤/万元，这些数据都体现了重庆市在节能减排和从源头控制污染方面所取得的进步。

5.3.2　重庆市环境承载力的变化特征

从图 5.1 可知，重庆市环境承载力在研究区间总体保持稳定上升态势，综合指数年均增长率达到 6.51%，其中最低值为 2000 年的 0.256，最高值为 2020 年的 0.903。整个变化过程大致可以分为三个阶段：第一阶段是 2000—2005 年，环境承载力总体较低，维持在 0.2 ~ 0.5，该阶段环境污染严重，环境质量较差；第二阶段是 2005—2010 年，综合指数从 0.447 上升到了 0.681，在这一时段承载力指数有了一定程度的提升，且整体处于匀速上升通道中，环境状况日渐改善；第三阶段是 2010—2020 年，从 0.681 增加到 0.903，该阶段为快速上升阶段，各项环境指标持续好转，环境状况维持良好水平。结果显示，重庆市环境承载力在研究期内整体处于上升状态，其中各项压力指数呈现变化趋势的不一致性，这是城市发展、产业规模扩大与响应措施协同作用的结果。随着环保投入加大等因素开始发挥作用，重庆市环境承载力得到了显著的提升。

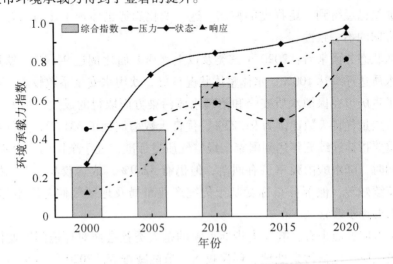

图 5.1　重庆市 2000—2020 年环境承载力指数变化状况

压力类指标主要为废水、垃圾、烟尘等的人类生产生活向环境排放的废弃物的状况。该类指数在研究区间内经历了增幅从强到弱的变化过程，指数最小值是 2000 年的 0.453，最大值为 2020 年的 0.806，年均增幅 2.93%，增速较慢，且不同阶段差别较大。从 2000 年的 0.453 到 2010 年的 0.584，压力指数一直处于缓慢的增长过程，之后增速加快，从 2010 年开始到 2015 年保持稳中小幅回落态势，下行至 0.495，之后快速回升到 2020 年的 0.806，环境压力减缓。这一现状首先主要得益于各级政府所出台和实施的措施，这部分措施有效地遏制了压力因素快速增长的势头；其次技术进步等新兴因素的作用以及产业转型的推进，有效地抵消了产业规模扩大所带来的冲击。

状态类指标反映的是研究区域的环境状况现状，本书的状态类指标主要选择自大气、水以及环境噪声等与我们日常生活密切相关的方面。状态类指标的最低值是 2000 年的 0.273，最高值为 2020 年的 0.969，研究期内状态指数年均增幅 6.55%，增幅较大，说明环境状况在快速好转。2000 年的指数低于 0.3，环境状况较差；从 2000 年开始到 2005 年，环境状态指数有了显著的提高，并呈现出大幅度上升趋势，这一阶段环境状态快速好转；2005 年之后指数处在稳定上升的通道中，环境质量也达到了整个研究区间最好的阶段。研究表明，重庆市环境质量在过去二十年里处于显著提升过程中，当前环境状况处于直辖之后最好时期。

响应类指标是指人类社会面对环境的变化所做出的积极应对。这些指标包含了绿化、清洁能源、污染物处理等。响应指数的最小值出现在 2000 年，为 0.124，最大值是 2020 年的 0.938，最大值是最小值的 7.56 倍，年均增幅 10.65%，增速为三大模块之首。其中在 2000 年到 2005 年增幅相对较小；之后在 2005 年到 2010 年，指数从 0.295 快速提升到 0.678，增加了 0.383，为增幅最大阶段，说明在这一时期人类社会对环境的响应强度持续提高，呈现非常良好的态势，这对于重庆市环境治理以及社会经济发展都是很好的信号。

5.3.3 重庆市环境承载力的结构特征及其变化

为了更加深入探讨重庆市环境承载力的内部结构特征以及变化过程，本研究分别选取 2000 年、2005 年、2010 年、2015 年和 2020 年这五个年份的数据，利用全排列多边形综合图更加直观地描绘出不同年份各组成部分的状态和变化情况（见图 5.2）。

（1）压力。从图 5.2（a）可以看出，COD 排放量、二氧化硫排放量、氮氧化物排放量、城市生活垃圾产生量和工业固体废物产生量是压力指数的主要决定因素。工业固体废物的增加与二氧化硫和氮氧化物的下降一方面说明重庆市工业总体规模在不断扩大，另一方面也可以看到产业转型的推进和清洁工艺的应用在控制污染物产生方面已经取得一定成效，产业结构正由粗放型向集约型转变（唐凯 等，2012）。

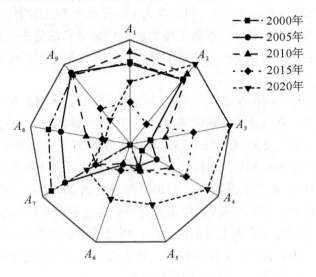

（a）压力

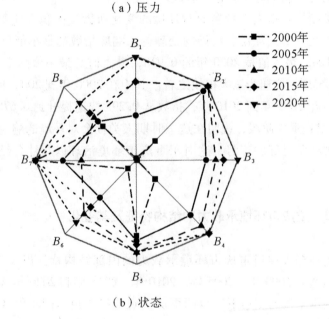

（b）状态

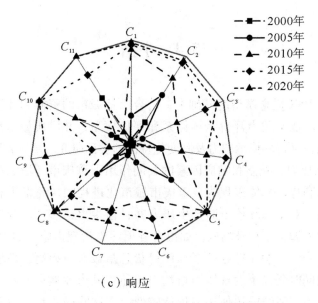

（c）响应

图 5.2　重庆市环境承载力指数构成及其变化情况

（2）状态。图 5.2（b）表明，III 类以上水质断面比例、饮用水源地水质达标率、环境空气优良天数比例和三项大气污染物指标是影响状态指数的主要因素。其中 III 类以上水质断面比例从 2000 年的 41.2%增长到 2020 年的 94.4%，饮用水源地水质达标率从 2000 年的 63.1%到 2006—2012 年连续保持 100%，这些都说明重庆市水环境得到明显改善。大气方面，环境空气优良天数比例从 2000 年的 51.2%攀升到了 2020 年的 91.23%，年空气优良天数达到 330 天以上，三大空气污染指标也有明显下降，空气质量总体保持好转态势，但酸雨频率仍旧较高。

（3）响应。从图 5.2（c）可以看出，污染处理指标是响应指数的主要决定因素，包括城市生活垃圾处理率和工业固废综合利用率。其中，城市生活垃圾处理率从 2000 年的 85%增加到 2020 年的 99%，工业固废综合利用率从 2000 年左右的 71%增加到 2020 年的 90.15%。污染处理率的快速提高，体现了现行政策措施在污染治理方面所起到的功效。建成区绿化覆盖面积随着城市面积同步快速增长，万元 GDP 能耗则从 1.32 吨标准煤/万元下降到 0.3 吨标准煤/万元，清洁能源使用比例逐步提高，说明重庆在转变能源结构和节能减排方面已经取得不错的成效。总体上来看，重庆市在在污染处理能力、环保投入等方面的进步，有力地促进了重庆市环境承载力的持续提高。

5.4　小结

本章在 PSR 概念模型的基础上，结合山地城市的资源和环境特征，构建山地城市环境承载力评价指标体系和评价模型，并以典型山地城市——重庆市为例，进行环境承载力及其变化特征的实证研究。结果表明，2000—2020 年，在压力、状态和响应因素的共同作用下重庆市环境承载力呈现出稳步上升的态势，具体表现为，重庆市城市化进程的快速推进和社会经济的迅速发展，对生态环境不断产生压力并且衍生出诸多环境问题；之后政府和社会各界做出了积极响应，如出台各项污染治理措施、加大环保投入、转变能源结构等；响应措施的展开使得状态指数快速提高，环境质量大幅改善。与此同时研究也发现压力指数仍旧随着城市发展在不断增大，酸雨频率居高不下，清洁能源使用率依然较低等，这些问题都是改善环境质量和切实提高重庆市环境承载力水平所面临的当务之急（王金南 等，2013）。

需要说明的是，山地城市有其自身的特点，如独特的地形地貌和资源环境状况等，这些因素要求在环境承载力评价指标选择和措施制定时都要充分考虑山地城市特点。本书借鉴传统环境承载力评价理论，同时结合山地城市的特点，选择了能有效代表地区特征的指标参数（邓晓军 等，2014），计算和评价山地城市环境承载力综合水平，并分析其变化过程，旨在为研究人员和政府决策者提供参考。

6 山地城市公共服务承载力评价

6.1 城市公共服务承载力评价的背景

城市的产生，改变了人类的生活方式，人类从原来的散居式发展到如今聚居式生活。对于人类文明来说，城市就是一个生活区域，同时也是一个载体，它承载了人类的社会、文化、政治、科技等各项文明活动。从吹响改革开放号角以来，我国经济社会不断快速发展，人们的收入也随之不断提高；而对于公共服务的需求来说，其经历了一个陡坡型的变化过程。从 20 世纪 80 年代以来，我国政府开始推行公共服务改革。经济发展导致的贫富差距两极化的不断扩大同时加上个人偏好的不同，带来了公共服务需求的多样化。因此，大量新的城市矛盾也先后涌现，例如上学难、看病难（张录法，2019）、道路交通拥堵、城市生态环境恶化等问题，严重影响了城市的健康可持续发展，给政府管理工作带来了极大的阻力（杨世军 等，2019）。尤其是在大城市，这种承载力过度的问题日益严重，造成了大量的社会矛盾和冲突。同时，城市作为人类活动的载体，其提供的公共服务不仅吸引人口不断流入，决定了城市的定居条件和生活质量，也影响着产业经济的发展格局。那么如何实现城市的可持续发展，是社会各界共同关注和探讨的难题。外界在评估一座城市是否具备可持续发展能力和潜力时，所挑选的重要评价指标，即为该城市的公共服务承载力的大小。可以设想，如果一个城市的教育、医疗、住房、社会保障等基本公共服务的跟进与城市经济社会的发展不相匹配，必然会引发一系列诸如就学难、就医难等社会问题，城市居民的生活体验会大打折扣，其无法感受到城市生活的幸福感和获得感。回首重庆从改革开放和 1997 年直辖以来走过的岁月（廖元和，2018），由于其特殊的政治地位与地理区位，国家先后出台了一系列的重大政策扶持：2009年3月，胡锦涛总书记为重庆未来的发展做出总体战略部署，即"把重庆加快建成西部地区的重要增长极、长江上游地区的经济中心、城乡统筹发展的直辖市，在西部地区率先实现全面建设小康社会的目标"；同年六月国家发展与改革委员会批准重庆成为全国第三个"改革试验区"；2011年1月随着《成渝城镇群协调发展规划》发布，成渝城市群概念被提及，成渝城市群以重庆、成都为中心，其是西部大开发的重要平台，是长江经济带的战略支撑，也是国家推进新型城镇化的重要示范区；2016年国务院同意《成渝城市群发展规划》，国家发展改革委、住房城乡建设部联合下发《关于印发成渝城市群发展规划的通知》，成渝城市群正式上升到国家高度；党的十九大以后政府更是把重庆改革开放推向了一个新时代。同时，随着最近几十年来我国城镇化的进一步加快（Li et al.，2018），重庆的城镇化率升高，因此吸引了大量的外来人员以及随迁子女，这种情况对整个城市公共服务的提供是一个巨大的挑战。如何妥善解决城市外来人员对基本生活和城市基本公共服务的需要，在教育、医疗、住房、社会保障等方面实现机会均等、质量均衡，是一个十分值得关注的问题（王郁等，2018）。只有当城市公共服务承载力处于合理参数值时，城市才具备可持续发展的可能。同时，城市人口的剧增，极大地加剧了城市公共服务的压力。因此，在这种背景下，增强城市的公共服务承载力，不仅可以促进大城市本身的良性发展，还可以帮助周边城市群充分发展。随着大城市的快速崛起，以及城市矛盾的加剧，社会各界都意识到了城市公共服务承载力的重要性。只有加强对城市公共服务承载力的分析和探讨，才可以更好地认识城市公共服务承载力，从而有针对性地提升城市公共服务承载力，实现城市的可持续发展，改善民生民情，为我国民众提供更健康更和谐的生活（王郁等，2018；陈志霞等，2017）。

从实践出发，在当前的发展环境下，实现社会公平、产业转型升级、环境可持续发展等战略任务都与城市政府提供各类公共服务的能力密切相关（韩峰等，2019）。随着我国城市化进程的加快，大城市人口的急剧增长及城市规模的迅速扩张，导致各类城市病日益显著，城市公共服务承载力对城市发展的约束日益引起人们的关注（刘洁等，2013；陈钊等，2014；韩峰等，2019）。城市公共服务承载力对城市发展的约束即在一定时期内，在经济社会和环境可持续发展的条件下，城市整体范围内关于教育、医疗、住房等城市基本公共服务所能承载的人口及社会经济活动等压力的最大负荷和最优规模。城市公共服务承载力与城市的整体发展相协调，不仅关系到城市自身的进步，也关系到城市周边区域实现持续健康发展的目标（丁煦诗，2018）。

从理论出发，已有研究主要可以归纳为城市公共服务的提供与城市综合承载力两个方面，每个方面都有各自更为具体的关注点。具体针对城市公共服务承载力的研究还存在不足。本书将针对重庆市主城都市区公共服务承载力进行评价研究，有助于填补此研究方向上的不足。

如何有效地为城市提供优质的城市公共服务，是提高城市公共服务承载力的关键所在。对于城市发展而言，其发展效率和发展质量，都与公共服务的有效供给情况密不可分（王郁 等，2018；董源 等，2020）。同时，城市公共服务承载力，也可以对城市竞争力造成直接影响。承载力越大的城市，其综合竞争力越强；反之，则越弱。对于城市竞争力而言，其核心内容和载体，即是城市系统各方面的协调发展（王郁，2016）。加强城市公共服务承载力，可以直接提升城市竞争力。因此，加强对城市公共服务承载力的研究，不仅可以从理论上，提高对城市公共服务承载力的认识和理解，更可以从现实的维度上，促进城市文明的进步，实现城市的可持续发展。

6.2 城市公共服务承载力评价的基本理论

近年来，针对城市公共服务承载力的研究成为一个热点，众多国内外学者对此做了大量的研究，主要集中在公共服务有效供给理论。

根据公共经济学理论，社会物品分为公共物品和私人物品。按照萨缪尔森在《公共支出的纯理论》中的定义，纯粹的公共物品或劳务是这样的物品或劳务，即每个人消费这种物品或劳务不会导致别人对该种物品或劳务消费的减少。而且公共物品或劳务具有与私人物品或劳务显著不同的三个特征：效用的不可分割性、消费的非竞争性和受益的非排他性。而凡是可以由个别消费者所占有和享用，具有敌对性、排他性和可分性的产品就是私人物品。

公共物品具备显著的非竞争性、非排他性特征。其中，针对非竞争性的界定，主要表现为任一消费品的消费情况，都不会对公共物品的消费造成竞争。而针对非排他性的界定，即表现为在任何公共物品的消费中，任一消费者想要排除其他消费者的行为，都必将难以实现。公共物品的特殊性，致使其存在"市场失灵"的先天性缺陷。当市场机制在私人物品领域中，由于满足个人偏好而获得了巨大的成功，那么，在公共物品领域中，其即便是满足了个体偏好，也难以获得成功。因此，为了支付公共物品的成本，只能依靠政府税收来维持。常规状态下，个体所支付的货币成本，难以精确地衡量公共物品数量。同时，由于个人追求自身利益最大化的特性，个人无法有效运营公共物品，而往往会借助于公共服务来牟取个人私利。

对于公共物品而言，因而其地方性特征，从而致使其受限于局限区域内。如在政府管理中，地方政府对区域内公共物品偏好的理解程度，要远远高于中央政府，因此在挑选和配置公共物品时，也更有针对性，公共服务效率也更高。

就都市区城市公共服务承载力研究而言，城市公共服务是典型的社会公共物品，城市公共服务承载力研究，目的在于研究城市公共服务所能承载的城市人口和社会经济活动的程度。都市区城市公共服务的有效提供，是城市公共服务承载力的基础，是解决城市病的重心（陈钊 等，2014；王郁 等，2018），同时也是本书全面、系统地进行分析的根本出发点和落脚点。

6.3 城市公共服务承载力评价的指标体系与评价方法

6.3.1 指标选取原则

建立城市公共服务承载力指标体系的评价模型，应当概括城市公共服务的基本领域。通过定量分析，找出哪些要素承载力存在缺陷，也就是制约城市公共服务承载力提高的关键点，进而提出具有针对性的建议。城市作为一个复杂的系统，既存在一些共性的问题，又存在每个城市自身所面临的个性问题。因此，建立一个能够科学地评价城市公共服务承载力的指标体系就显得十分重要，是进行定量分析的基础。

公共服务承载力指标体系应当具有层次性和结构性，能够在最大程度上说明想要研究的问题。通过城市公共服务承载力指标体系的构建，特大城市当前所面临的突出公共服务问题应当得到较为全面的体现，最终的评价结果也能够为城市的健康全面发展提供指导。根据上述的构建思路，借鉴国内外指标体系构建，确认公共服务承载力指标体系构建应当遵循以下原则：

（1）相对完备性原则。公共服务承载力指标体系的构建应当形成一个统一的有机整体，能够基本上全面地反映城市公共服务承载力的各个方面，要有反映城市基本公共服务领域的基础教育、医疗卫生、社会保障等方面的具有代表性的指标。

（2）科学性原则。应当保证评价指标体系建立的科学性，各个指标的概念要明确，测算方法要规范，以保证分析结果的客观性和准确性。

（3）可操作性原则。所选取的指标应当具有可测性、可比性和可量化性，指标选取应当能够利用现有的统计资料，或者从相关网站能够查询到的数据，确保数据的可利用性。

（4）动态性与稳定性有机结合原则。公共服务的承载力随着时间变化而不断变化发展，因此具有动态性。在一定的时期内，又具有相对稳定性。因此，公共服务承载力具有动态性和稳定性相结合的特点，构建指标体系所选取的评价指标也应当遵循这一特点，注意指标动态性和稳定性的结合。

6.3.2　评价指标体系

在城市综合承载力研究中，承载主体的推动力和拉扯力是主要的研究内容。进一步而言，如果将公共服务作为城市综合承载力的主体之一，城市所提供的公共服务规模和质量则是城市公共服务推动力的重要影响因素。其承载对象是城市中的主要经济社会活动及其产生的环境影响，这些因素对城市公共服务的运行所施加的拉扯力是城市公共服务承载力的另一影响因素。与此同时，制度、政策、政府管理等因素，通过对城市空间结构、公共服务供给结构等的影响，对城市公共服务承载力水平和实际状况起到极为重要的调控作用。因此，当推动力提高时，城市公共服务承载力将得到加强；而承载对象的负重效应提高时，城市公共服务承载力则会缩小。

参考现有研究成果（杨世军 等，2018；杨世军 等，2019；王郁 等，2018）中城市综合承载力和公共服务的评价指标体系，本书遵循指标选取的科学性、可操作性、层次性、完备性的原则，构建城市公共服务承载力评价指标体系。参考基本公共服务核心要素的定义，并考虑到数据的可获得性和重庆市主城都市区城市问题的主要特征，本书选取了公共文化、基础教育、医疗卫生、社会福利这四项公共服务要素作为重庆主城都市区城市公共服务承载力的主要评价内容。具体如表 6.1 所示。

表 6.1　城市公共服务承载力评价指标体系

目标层	准则层	指标层	单位	指标属性
城市公共服务承载力	公共文化	图书馆数量	个/万人	正向
		公共图书馆藏书数量	册、件/万人	正向
	基础教育	中学生师比	—	负向
		小学生师比	—	负向
		中学数量	所/平方公里	正向
		小学数量	所/平方公里	正向
	医疗卫生	卫生机构数量	个/十万人	正向
		医院床位数量	张/千人	正向
		执业医师数量	人/千人	正向
		注册护士数量度	人/千人	正向
	社会福利	儿童收养机构数量	个/百万人	正向
		养老床位数量	张/万人	正向

6.3.3　重要指标解释

　　由于城市是一个复杂的综合系统，尤其是作为中国四大直辖市之一并且跻身新一线城市行列的重庆市，它的地理位置与政治地位都十分重要，而主城都市区的划分，有利于城市圈高速发展。因此构建重庆市主城都市区城市公共服务承载力评价指标体系时，应当综合考虑都市区的城市公共服务医疗、教育、社会福利、公共文化各个部分具体指标的选取。本部分大多数指标采用人均相对指标，目的是最大程度地减少各城市人口差异的影响，更准确地反映城市公共服务的供给水平。例如执业医师人口密度数更能准确地反映都市的医疗资源状况。

　　现对部分重要指标解释如下：

　　(1) 执业医师数量。该指标是指地区卫生机构当中有执业医师执照的医生占地区总人口的比例。该指标体现了在医疗卫生方面，城市居民所能享受的部分医疗资源，影响着城市居民对医疗服务的幸福感。

　　(2) 小学/中学生师比。该指标是指小学/中学当中学生人数与老师人数的比值。在一定程度上体现了基础教育服务的质量。理论上讲，在所提供的基础教育服务学校相同的情况下，小学/中学生师比越小，学生的生均基础教育服务的质量获得会越高，能够在一定程度上反映基础教育服务的公众感知度，体现城市基础教育服务供给效率的高低。

（3）小学/中学数量。从理论上讲，在地区面积与地区学生和老师数一定的情况下，小学/中学数量越大，学生的生均基础教育服务质量越高，在一定程度上体现城市基础教育服务供给效率。

6.3.4　评价方法

熵值法是一种客观赋权方法，该方法主要采用信息论中的最大信息熵原理，其中，熵值可以判断出指标数值的离散程度，所以，通过计算各指标变量的熵值来对指标进行赋权可以消除评价分析的不确定性。通过计算每个指标的信息熵大小，判断出该指标对总评价体系的重要程度，具体来讲，当指标中包含的信息量越多，其不确定性就越小，熵值越小，权重也越小。同时，进一步研究指标赋值的结果的科学合理性，发现经过适当改进的熵值法优于主成分分析法、因子分析法等方法（郭显光，1998；乔家君，2004）。因此，本部分采用熵值法对重庆主城都市区公共图书馆藏书数量等 12 个二级指标进行权重的确定。具体方法如下：

（1）指标选取：设有 θ 年份，i 个城市，j 个指标，则 $x_{\theta ij}$ 为第 θ 年城市 i 的第 j 个指标值。

（2）指标的标准化处理：由于不同指标具有不同的量纲和单位，因此需要进行标准化处理。

正向指标标准化：

$$x_{ij} = \frac{x_{ij} - \min(x_{ij})}{\max(x_{ij}) - \min(x_{ij})} \tag{6.1}$$

负向指标标准化：

$$x_{ij} = \frac{\max(x_{ij}) - x_{ij}}{\max(x_{ij}) - \min(x_{ij})} \tag{6.2}$$

（3）计算第 i 年第 j 项指标值的比重。

$$Y_{ij} = \frac{x_{ij}}{\sum_{i=1}^{m} x_{ij}} \tag{6.3}$$

（4）计算第 j 项指标信息熵。

$$e_j = -k \sum_{i=1}^{m} (Y_{ij} \ln Y_{ij}) \tag{6.4}$$

其中 $k = 1/\ln m$ ， m 为评价年数。

（5）计算第 j 项指标信息熵冗余度。

$$d_j = 1 - e_j \tag{6.5}$$

（6）计算各指标权重。

$$W_j = \frac{d_j}{\sum_{j=1}^{m} d_j} \tag{6.6}$$

其中 n 为指标数。

（7）计算各城市指标评价得分。

$$S_{ij} = W_{ij} \times x_{ij} \tag{6.7}$$

6.3.4 数据来源

为了更加科学合理地对重庆市公共服务承载力水平进行评价，选取 2002 年、2007 年、2012 年、2017 年即每间隔五年为一个评价时间点，研究重庆市公共服务承载力的变化特征。因此，本章城市公共服务承载力水平评价的公共文化、基础教育、医疗卫生、社会福利四个评价准则和 12 个评价指标的数据主要来源于《重庆统计年鉴》（2003）、《重庆统计年鉴》（2008）、《重庆统计年鉴》（2013）《重庆统计年鉴》（2018）、《重庆统计年鉴》（2019）。

6.4 重庆市城市公共服务承载力评价

6.4.1 评价指标权重

城市公共服务承载力水平高低对城市人口发展和经济社会活动具有重大的影响。高质量的公共服务对人才和各类产业经济活动具有较强的吸引力。反之，有效的公共服务需求不能得到充分满足，将会导致人才的净流出和环境质量的下降。

运用上述研究方法当中的计算方法，对重庆市主城都市区所辖的 21 个区县的公共服务承载力进行测算，得出城市公共服务综合承载力各指标权重如表 6.2 所示。根据得出的重庆主城都市区城市公共服务承载力评价体系各指标权重可以发现，在所涉及的公共文化、基础教育、医疗卫生、社会福利四个方面中，基础教育和医疗卫生所占的权重是最大的。从整体指标来看，小学/中学数量对主城区城市公共服务承载力影响最大，分别高达 0. 166 和 0. 210，这表明用于基础教育的学校配套完善程度对吸引人口流入与社会经济活动具有十分重要的意义。

表 6.2　城市公共服务承载力评价指标权重

准则层	权重	指标层	权重	相对权重
公共文化	0.222	图书馆数量	0.063	0.284
		公共图书馆藏书数量	0.159	0.716
基础教育	0.418	中学生师比	0.024	0.057
		小学生师比	0.018	0.043
		中学数量	0.210	0.502
		小学数量	0.166	0.397
医疗卫生	0.303	卫生机构数量	0.033	0.109
		医院床位数量	0.086	0.284
		执业医师数量	0.088	0.290
		注册护士数量度	0.096	0.317
社会福利	0.057	儿童收养机构数量	0.031	0.544
		养老床位数量	0.026	0.456

6.4.2　重庆市公共服务承载力水平现状

公共服务均等化是人类追求更高生活质量的综合体现，是城市群由低级向高级发展的必然要求。它体现了城市群内既定公共服务的数量和质量满足人类生存和发展的能力，是城市群系统经济规模和质量、政府管理理念和水平的综合体现。实践证明，当城市群发展到一定阶段、具备一定的规模后，决定其竞争力、吸引力、发展力的恰恰是公共服务能力。

基于上述实证测算方法，以统计年鉴中最新的 2019 年重庆相关统计年鉴测算出 2018 年重庆主城都市区公共服务承载力水平得分，以此分析重庆主城都市区城市公共服务承载力水平现状。具体得分及排名见表6.3。

表6.3 2018年重庆主城都市区公共服务承载力水平

地区	得分	排名
渝中区	0.974 95	1
大渡口区	0.920 26	2
江北区	0.767 89	4
沙坪坝区	0.838 35	3
九龙坡区	0.670 90	6
南岸区	0.765 76	5
北碚区	0.538 89	7
渝北区	0.360 90	10
巴南区	0.462 59	8
长寿区	0.316 48	16
江津区	0.332 59	11
合川区	0.247 95	20
永川区	0.305 25	18
南川区	0.219 94	21
綦江区	0.305 60	17
大足区	0.322 25	14
璧山区	0.365 60	9
铜梁区	0.319 68	15
潼南区	0.253 37	19
荣昌区	0.329 05	13
涪陵区	0.332 53	12

注：数值加粗的部分表示其城市公共服务承载力水平得分高于研究区所有城市公共服务承载力水平的平均值，未加粗的部分表示其城市公共服务承载力水平得分低于研究区所有城市公共服务承载力水平的平均值。

进一步为了更加直观地体现出重庆主城都市区公共服务承载力水平的时空分布，笔者借助 ArcGIS 软件，绘制出 2018 年重庆主城都市区公共服务承载力水平得分分布图，如图 6.1 所示。

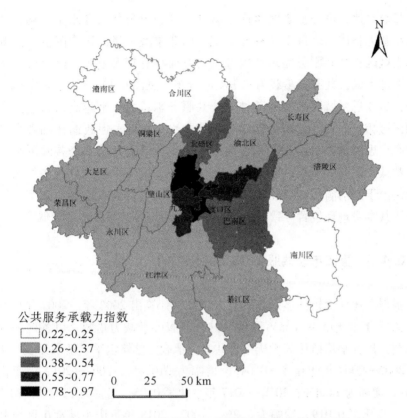

图 6.1　2018 年重庆主城都市区公共服务承载力水平空间分布

从表 6.3 中可以看出：

（1）从城市公共服务承载力水平得分两极来看，渝中区得分最高为 0.975，南川区得分最低为 0.220。这表明渝中区的城市公共服务水平最高，公共服务承载力最强；南川区的公共服务水平最低，公共服务承载力最低。

（2）分析渝中区与南川区的城市公共服务承载力得分分值差，为 0.755，这显示出两地的城市公共服务承载力水平差距较大，表明重庆主城都市区城市公共服务水平参差不齐。

（3）计算 2018 年重庆主城都市区公共服务承载力水平得分均值，为 0.474。得分高于该平均值的区县有：渝中区、大渡口区、江北区、沙坪坝区、九龙坡区、南岸区、北碚区，总计 7 个区，占研究区区县数的 33.3%，并且其都属于核心主城区范围；得分低于该平均值的区县有：渝北区、巴南区、长寿区、江津区、合川区、永川区、南川区、綦江区、大足区、璧山区、铜梁区、潼南区、荣昌区、涪陵区，总计 14 个区，占研究区区县数的 66.7%。高城市公共服务承载力水平区县数与低城市公共服务承载力水平区县数对比,进一步表明重庆主城都市区城市公共服务水平不均,公共服务承载力整体上表现出从核心主城区向非主城边缘区逐次降低,主城区与非主城区在公共服务需求和服务供给方面存有较大差距。这点可以从重庆主城都市区公共服务承载力水平空间分布(见图6.1)中更加形象地得以印证:越靠近主城区的区域其城市公共服务承载力水平越高,越远离主城区的区域相对而言其城市公共服务承载力水平越低。但我们仔细观察可以看出有意思的地方:渝北区和巴南区作为主城区,其城市公共服务承载力水平却低于研究区所有区县的城市公共服务承载力水平得分的平均值。这可能是由于当前渝北区所辖范围比较大而其城市常驻人口又比较多,巴南区由于其本身地理位置导致城镇化率不高,所以公共服务水平较低。

6.4.3 重庆市公共服务承载力时空变化

根据上述评价指标体系和研究方法分别计算出2002年、2007年、2012年、2017年重庆市主城都市区各区的公共服务承载力指数。以各区公共服务承载力指数平均值代表重庆市公共服务承载力整体水平,结果如表6.4所示。2002—2007年变化了-0.043,增幅为-10.8%;2007—2012年变化了0.051,增幅为14.4%;2012—2017年变化了0.05,增幅为12.3%;2017—2018年变化了0.019,增幅为4.2%。2002—2018年重庆主城都市区公共服务承载力水平总体呈上升趋势,但增加的幅度逐渐放缓。2002—2007年重庆主城都市区公共服务承载力水平下降,且2007年前后波动最大,分别为-10.8%和14.4%。2002—2018年重庆市公共服务承载力水平在0.35~0.48范围内波动,均小于0.5,这表明重庆主城都市区公共服务承载力水平虽然总体上不断提高,但整体水平仍然较低。

表6.4 重庆市公共服务承载力水平时间变化

年份	公共服务承载力	变化	增幅/%
2002	0.397	—	—
2007	0.354	-0.043	-10.8
2012	0.405	0.051	14.4
2017	0.455	0.05	12.3
2018	0.474	0.019	4.2

　　为了更加直观地探究重庆主城都市区公共服务承载力水平的时空分布特征，借助 ArcGIS 软件，得到 2002 年、2007 年、2012 年、2017 年的重庆主城都市区公共服务承载力水平分布图，如图 6.2 所示。重庆主城都市区城市公共服务承载力水平从 2002—2018 年总体发展趋势是随着年份的变化而逐渐上升的。其中较为不同的是，除了渝中区和沙坪坝区一直处于稳步提升外，其余 19 个区县在 2002—2012 年出现了一定程度的波动，尤其在 2002—2007 年，都出现了一定程度的下降。2007 年前后同样是一个比较重要的节点。可以看出，2007 年以后重庆主城都市区各区域公共服务承载力水平都处于持续稳步上升的姿态。从 2002—2018 年重庆主城都市区各区县城市公共服务承载力水平变化幅度上看，大渡口区的上升幅度最为明显，其次沙坪坝区、九龙坡区、南岸区、巴南区、璧山区等都有较大幅度的上升；变化幅度最小的为荣昌区。以上这些都表明了重庆主城都市区的城市公共服务的供给的有效性越来越受到政府的重视。重庆主城都市区各区县总体来说城市公共服务承载力正在不断进步和提高，但是少数区县城市公共服务承载力水平还较低。

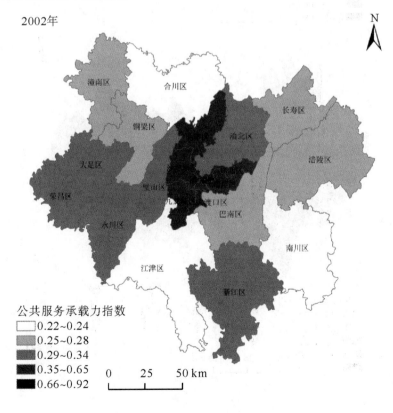

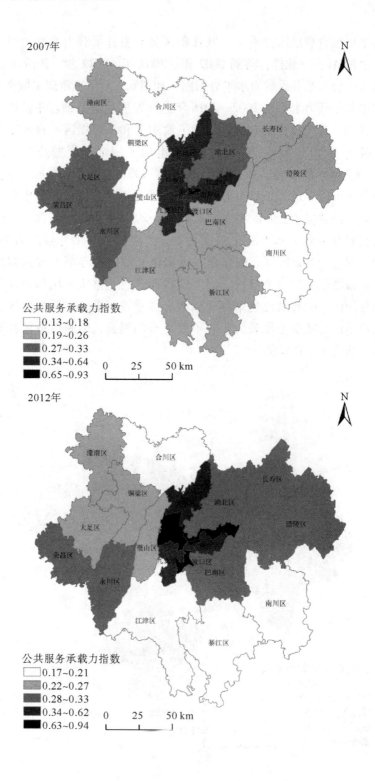

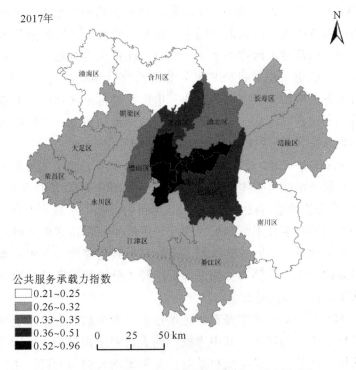

图 6.2　重庆主城都市区公共服务承载力水平空间分布

6.5　小结

本章在借鉴已有相关研究成果的基础上，构建了重庆主城都市区城市公共服务承载力评价指标体系，运用熵值法对重庆主城都市区范围内 21 个区县 2002—2018 年的公共服务承载力进行了实证评测，并借助 ArcGIS 软件对重庆主城都市区公共服务承载力时空变化进行了形象化的表达，研究结果较好地体现了重庆主城都市区各区县以及整个主城都市区在研究年限范围内公共服务的变化情况，有助于客观准确地把握重庆主城都市区各区县与整个主城都市区城市公共服务所能承载的人口和社会经济活动的上限，有助于科学评价重庆主城都市区各区县城市公共服务承载能力的差异以及不同时间城市公共服务承载力的变化特征，为改善重庆主城都市区城市公共服务供给、提升重庆主城都市区城市公共服务承载力提供相应的参考。

（1）重庆主城都市区各区县城市公共服务承载力水平两极分化严重，公共服务供给水平严重不均。重庆主城都市区内高于城市公共服务承载力水平平均值的区县数占比较小，大多数区县未达到平均水平。因此，重庆主城都市区内各区县应当意识到城市公共承载力取决于城市公共服务供给的质量、效率以及城市治理的水平。所以，在重庆主城都市区各区县的城市病治理中，应更重视通过公共服务的有效供给和城市治理水平的提升，改善和解决各类城市发展问题。此外，重庆主城都市区各区县内各级政府因地制宜地制定相关标准、相关政策以及奖励惩罚机制，已督促各级政府积极全力提升公共服务供给，推进公共服务均等化。

（2）从2002—2018年，重庆主城都市区各区县与整个主城都市区整体的城市公共服务承载力总体呈上升趋势，但是2007年较2002年却下降了，且2007年前后波动范围较大。此外，从城市公共服务承载力上升的幅度来看，每年上升的幅度在不断降低。因此，重庆主城都市区内各级政府应当加强对提供高质量公共服务的认识，不能只看到每年的公共服务水平在增加而松懈意识，要注意到增加幅度降低，深入分析增幅降低的原因，不断提升高水平城市承载力持续前行。

（3）整体而言，重庆主城都市区城市公共服务的状态水平更多地受到基础教育供给水平的影响，其中学校空间人口密度占比最大。因此，重庆主城都市区各区县应当多注重对基础教育资源的发掘与发展，尤其是加大对小学与中学学校数量与质量的保障。具体而言，重庆市主城区都市区内各区县可以组织相关领域专家讨论辖区内学校配套数量是否合理，同时对辖区学校配套数量不足的区县，应当加强对学校建设招投标的规范，保障学校建设质量。

由于数据的可获得性等多种因素的限制，本章的实证研究对象和时间跨度都较为有限，指标的选择也存在一定的局限，承载力评价指标体系仍有待进一步优化。在今后的研究中，基于对不同类型和不同规模的城市的数据收集，就受压力、支撑力、调控力对城市公共服务承载力的影响机理研究以及对城市公共服务承载力提升路径的研究等课题，都是有待拓展的领域和范围。

7 山地城市资源承载力评价

自然资源指人类从自然界中可直接获得的用于生产生活的物质，为人类生存与发展提供重要物质基础和空间。随着人口数量、科技水平不断提高和经济规模不断放大，自然资源过度开发和消耗问题日益突出。其不仅导致自然资源短缺，也对粮食安全、能源安全和生态环境安全构成威胁。自 20 世纪中期起，技术进步和社会经济发展的同时，资源过度使用引起的生态坏境问题已经开始危及人类自身生存，如全球气候变暖、水土流失、植被破坏等。2005 年习近平同志在浙江湖州安吉考察时提出"绿水青山就是金山银山"，这一科学论断对加强我国生态文明建设具有重要意义。我国"十四五"规划纲要指出我国污染防治力度加大，主要污染物排放总量减少目标超额完成，资源利用效率显著提升，生态环境明显改善。随着生态环境的不断改善，经济社会可持续发展将会激发国民形成绿色生产生活方式，成为促进美丽中国建设目标高质量实现的强劲动力。

生态足迹法为衡量一个地区或国家的经济社会可持续发展程度提供了一个强有力的工具（金梦婷 等，2020）。1992 年加拿大生态经济学家里斯最早提出生态足迹概念（Rees，1992），之后其与瓦克纳格尔共同建立生态足迹的模型（Wackernagel et al.，1997），该模型利用生态足迹可测算各种生产、生活资料所需的真实生物生产性面积，为区域可持续发展评估提供了一个新的视角（方恺 等，2012），并得到了国外学者的广泛认可和应用（Palmer，1999；Vuuren et al.，2000；Barrett et al.，2005；Nadia，2020）。但传统生态足迹模型未将自然资本存量与流量相互关系考虑到模型中，因而也不能衡量自然资本均衡对于区域可持续发展的作用（刘海燕 等，2017；苏子龙 等，2020），因此该模型的使用存在一定局限性。基于此，Niccolucci等（2009）提出三维生态足迹模型，将足迹深度与足迹广度两个指标引入生态足迹模型中，实现用自然资本存量与流量刻画区域可持续发展能力，使生态足迹的研究向纵深发展。

　　国内学者在该领域的研究相对较晚，最早对生态足迹进行研究是在2000年，张志强等学者在《生态足迹的概念及计算模型》一文中对生态足迹的概念、模型及优缺点进行了介绍。目前国内生态足迹研究主要集中于对生态足迹模型的实证分析、影响因素的测度方法以及研究尺度的拓展。生态足迹模型实证分析方面，杨一旸等（2020）在传统三维生态足迹模型基础上结合基尼系数刻画了长江中游城市群空间平衡性。马维兢等（2017）和李鹏辉（2020）引入存量流量利用比与生态利用效率指标，通过研究表明福建省九龙江流域与天山北麓均对流量资本过度消费，需要消耗存量资本维持区域经济社会发展。影响因素的测度方法方面，张星星等（2017）、曹慧博等（2021）、董建红等（2019）、马明德等（2014）、杨屹等（2018）利用偏最小二乘法对自然资本利用影响因素进行量化分析，结果表明经济发展水平、人口规模以及社会消费对自然资本占用具有重要影响。田鹏等（2020）和郑德凤等（2018）采用空间计量方法分析出城市规模与人均可支配收入与生态足迹成正相关。程艳妹等（2018）采用多元线性回归分析方法解析出社会发展与生态环境建设有利于缓解生态赤字的持续增加。研究尺度方面，方恺等（2013）从全球尺度比较了11个主要国家自然资本利用状况。晋雪茹等（2019）和秦超等（2016）以省域为研究尺度，研究显示通过开发节能技术可以有效缓解地区生态压力。杜悦悦等（2016）从城市群尺度分析了区域内自然资本支撑社会经济发展格局。李鹏辉等（2020）以流域为研究尺度核算了流域内生态承载力与生态足迹，揭示出流域面临较大生态压力。曹慧博等（2021）从海岸带尺度厘清了中国海岸带自然资本消耗空间差异性。综上所述，当前国内生态足迹研究主要聚焦于西北地区及沿海地区，对西部内陆地区关注较少。

　　重庆市主城都市区生态环境脆弱敏感，对自然资本的不合理开发利用，容易引起绿地面积减少、城市"热岛效应"、大气污染加剧等问题，严重危害主城都市区生态安全。因此，本章利用三维生态足迹模型，对重庆市主城都市区2000年、2005年、2010年、2015年四个年份的三维生态足迹与自然资本存流量占用情况进行了系统和综合的评价，并运用空间计量分析方法分析重庆主城都市区三维生态足迹变化的影响因素，从而为制定重庆市的经济发展和环境保护政策，为促进重庆市社会、经济和环境方面的协调及可持续发展提供科学参考。

7.1　研究方法与数据

7.1.1　三维生态足迹模型

三维生态足迹模型是从二维生态模型改进而来的，即引入足迹深度与足迹广度两个概念，构建了三维生态足迹模型来刻画区域生态持续发展能力。其计算公式为

$$EF_{3D} = EF_{size} \times EF_{depth} \tag{7.1}$$

式中，EF_{3D} 表征区域尺度上的三维生态足迹，EF_{size} 表征区域足迹面积即足迹广度，EF_{depth} 表征区域足迹面积深度即足迹深度。

生态足迹深度表征对自然资本存量的消耗，即从理论上表达了再生 1 年内使用的自然资本所需要的年数；生态足迹广度则可以解释人类对自然资本流动的使用情况（Niccolucci et al., 2009）。其计算公式如下：

$$EF_{size} = \sum_{i=1}^{n} \min\{EF_i, EC_i\}, \ 0 < EF_{size} \leqslant EF \tag{7.2}$$

$$EF_{depth} = \frac{EF}{EC} = 1 + \frac{\sum_{i=1}^{n} \max(EF_i - EC_i, 0)}{EC}, \ EF_{depth} \geqslant 1 \tag{7.3}$$

式中，EF 表示生态足迹；EC 表示生态承载力，依据世界环境与发展委员会建议扣除12%的生物多样性保护面积；EF_i 表示给定土地类型的生态足迹，EC_i 表征给定土地类型的生态承载力，其中，为足迹深度的自然原长。

生态足迹被定义为根据现行的技术和资源管理实践，连续提供能源和物质资源流量和吸收产生的二氧化碳排放所需的土地总面积（Wackernagel et al., 1997），而生态承载力指能够提供给人类的生物生产性土地的面积总和。其计算公式如下：

$$EF = N \times ef = N \times r_i \times \sum_{i=1}^{n} (C_i/P_i) \tag{7.4}$$

$$EC = N \times ec = 0.88 \times N \times \sum_{i=1}^{n} a_i r_i y_i \tag{7.5}$$

式中，N 为人口数量；ef 为人均生态足迹；r_i 为给定土地类型的均衡因子；C_i 为给定消费品的人均消耗量；P_i 为给定消费品的世界平均生产力；a_i 为实际人均占有的给定生物生产土地面积；y_i 为给定土地类型的产量因子（见表7.1）。

表7.1　不同土地利用类型的均衡因子和产量因子

土地利用类型	耕地	林地	草地	水域	建设用地	化石能源用地
均衡因子	2.52	1.28	0.43	0.35	2.52	1.28
产量因子	1.32	2.55	1.93	1.00	1.32	—

7.1.2　存量流量利用比

存量流量利用比（R_{flow}^{stock}）用于解释自然资本存量与流量之间的大小关系，当流量资本被完全利用时，资本存量逐渐被占用，且生态赤字越严重其值越大，生态可持续发展的能力越差，其计算公式（方恺，2013）为

$$R_{flow}^{stock} = \frac{EF - EF_{size}}{EF_{size}} = EF_{depth} - 1 \qquad (7.6)$$

7.1.3　研究区域与数据来源

本章选取重庆主城都市区为研究区域。为更好地推进新型城镇化、促进"一区两群"区域协调发展，2020年重庆做出推进主城都市区发展的重大部署。主城都市区包括渝中区、大渡口区、江北区、沙坪坝区、九龙坡区、南岸区、北碚区、渝北区、巴南区、涪陵区、长寿区、江津区、合川区、永川区、南川区、綦江区、大足区、璧山区、铜梁区、潼南区、荣昌区21个区。以发力点不同为标志，将重庆主城都市区分为中心城区、同城化发展先行区、重要战略支点城市和桥头堡城市四个发展不同的区域（见图7.1）。

本章研究主要核算生态足迹生物资源账户和能源账户两大类。根据三维生态足迹计算方法和重庆主城都市区的实际情况，其生物资源项目主要为农产品、动物产品、林产品和水产品，能源项目主要为煤炭、天然气、油料和电力，共计15项统计条目。生物资源账户数据、人口数据和能源账户数据均来源于《重庆统计年鉴》（2001—2016）。生态足迹核算中不同类型土地的均衡因子和产量因子采用2017年全球生态足迹网（Global Footprint Network）发布的 *Working Guidebook to the National Footprint Accounts* 得到的结果。重庆市生态足迹账户类型及数据来源见表7.2。

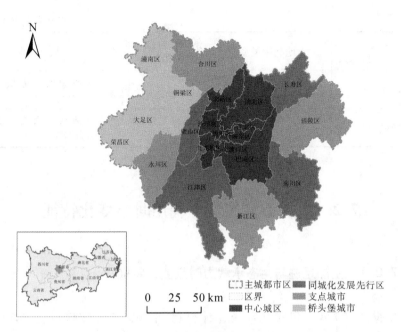

图 7.1 重庆主城都市区区位

表 7.2 重庆市生态足迹账户类型及数据来源

账户	土地利用类型	纳入账户的生物性资源和能源类型	数据来源
生物资源账户	耕地	粮食、油料、甘蔗、烟叶、蔬菜	《重庆市统计年鉴》（2001—2016）
	林地	茶叶、水果	《重庆市统计年鉴》（2001—2016）
	草地	猪肉、牛肉	《重庆市统计年鉴》（2001—2016）
	水域	水产品	《重庆市统计年鉴》（2001—2016）
化石能源账户	建设用地	电力	《重庆市统计年鉴》（2001—2016）
	能源用地	煤炭、天然气、油料	《重庆市统计年鉴》（2001—2016）
人口数据	常住人口数		《重庆市统计年鉴》（2001—2016）
土地利用数据	各类土地利用面积	耕地、林地、草地、水域、建设用地	土地变更调查数据（2001—2016）
全球平均产量	各初级产品全球平均产量		《地球生命力报告》（2018）

表7.2(续)

账户	土地利用类型	纳入账户的生物性资源和能源类型	数据来源
均衡因子			《地球生命力报告》(2018)
产量因子			《地球生命力报告》(2018)

7.2　重庆市自然资本利用时空变化特征

7.2.1　生态足迹与生态承载力时空变化特征

根据式（7.4）和式（7.5），计算得到 2000 年、2005 年、2010 年、2015 年重庆主城都市区人均生态足迹与人均生态承载力（见图 7.2）。结果表明，人均生态足迹不断增加，由 2000 年的 1.75 公顷/人增长至 2.52 公顷/人，增长比约为 44%。人均生态承载力 2000—2010 年变化幅度较小，到 2015 年明显减少，总体由 2000 年的 0.49 公顷/人减少至 2015 年的 0.3 公顷/人，减少幅度约为 38.78%。研究期内，重庆主城都市区人均生态赤字变化与人均生态足迹变化基本一致，人均生态赤字由 2000 年的 1.41 公顷/人增加至 2015 年的 2.23 公顷/人，增长幅度约为 58.16%，这表明重庆市面临生态上行的压力，生态处于不可持续发展中。

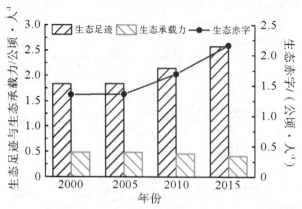

图 7.2　重庆主城都市区生态足迹与生态承载力时间变化特征

　　从空间变化特征来看，本书运用自然断点法将人均生态足迹和人均生态承载力分成低、较低、中等、较高、高 5 个梯度，其中低和较低梯度界定为低值区，中等梯度界定为中值区，较高和高梯度界定为高值区。

　　由图 7.3 可以看出，在研究期内重庆主城都市区 21 区人均生态足迹整体呈现"中间降低，四周增加"的显著特征。人均生态足迹低和较低的城区明显减少，由 2000 年的 14 个城区减少为 2015 年的 3 个城区；中等、较高和高的城区显著增加，尤其是足迹高的城区增加最为明显。具体变动情况为潼南区、荣昌区、璧山区由低向高演变；永川区、江津区、铜梁区由低向较高演变；南川区、綦江区和合川区由低向中等演变；涪陵区、长寿区和渝北区由较低向高演变；大足区和北培区分别由较低向较高、较低向中等演变；南岸区由中等向较高演变；沙坪坝区由高向较高演变；巴南区由较高向中等演变；江北区由高向较低演变；大渡口区由高向低演变。

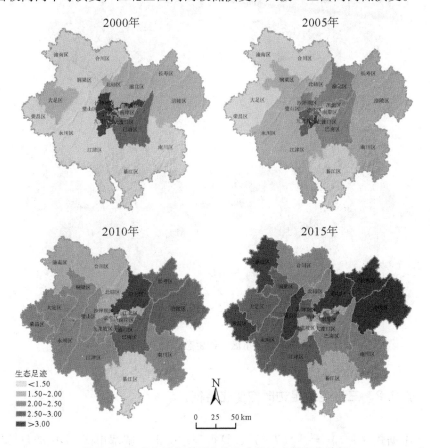

图 7.3　重庆主城都市区人均生态足迹空间变化特征

从图 7.4 得知，研究期内重庆主城都市区 21 区人均生态承载力整体空间变化较小，总体呈现"中间低，四周高"的空间特征。具体变现为潼南区、江津区、綦江区、南川区、涪陵区和铜梁区一直处于高值区；荣昌区、永川区、长寿区、合川区和璧山区始终在中值区；北碚区、九龙坡区、沙坪坝区、南岸区和江北区一直处于低值区；其余 3 个城区都在不同程度上有所变化，渝北区由中值区向低值区变动，大渡口区和巴南区均由高值区向中值区变动。

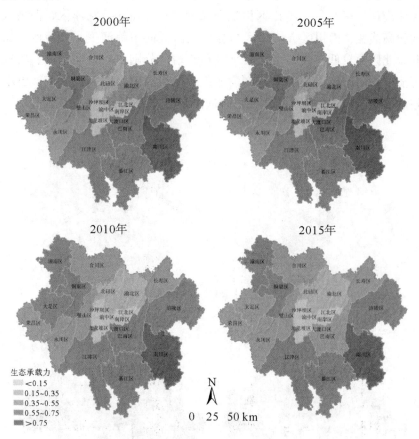

图 7.4 重庆主城都市区人均生态承载力空间变化特征

7.2.2 三维生态足迹时空变化特征

根据式（7.1）至式（7.3）计算得到重庆市主城都市区 21 区的足迹深度、足迹广度以及三维生态足迹的值。图 7.5 表明，2000—2015 年重庆市主城都市区足迹深度均大于 1，这意味着重庆对资源的消费已经超过了自然资本的生产能力，需要消耗区域内的自然资本存量才能维持所需水平。研究期内重庆主城都市区人均足迹深度整体呈波动上升趋势，由 2000 年的 1.77 hm² 增加至 2005 年的 1.82 hm²，随后下降至 2010 年的 1.73 hm²，然后又增加到 2015 年的 1.98 hm²。足迹广度受生态承载力影响更大，在研究期内重庆主城都市区足迹广度总体呈平稳下降趋势，从 2000 年的 0.38 公顷/人下降至 2015 年的 0.32 公顷/人，下降幅度为 15.79%，表明研究期内重庆主城都市区流量资本的利用程度在缓慢降低。三维生态足迹受足迹深度影响更明显，重庆主城都市区三维生态足迹在 2000—2015 年期间变化趋势与足迹深度变化趋势大体一致，呈现上升→下降→再上升的波动上升趋势。

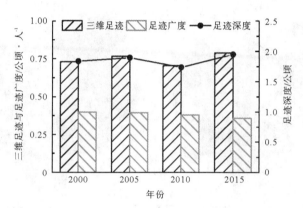

图 7.5　重庆主城都市区三维生态足迹、足迹广度与足迹深度时间变化特征

由图 7.6 可知，重庆主城都市区生态足迹广度呈"中间低，四周高"空间分布特征，空间变化平稳过度。2000—2015 年渝中区、江北区、南岸区、九龙坡区、沙坪坝区和大渡口区足迹广度一直处于低值区，这表明这 6 个城区对自然资本流量的占用一直较少；合川区、大足区、荣昌区、綦江区、涪陵区和长寿区长期不变，一直处于较高级，潼南区长期处于高值区，北碚区与永川区分别长期处于低值区和中值区，这意味着这些地区经济社会发展比较稳定，生态环境的发展制约地区社会经济发展。其余城区均具有不同程度变动，铜梁区波动变化最为显著，2000—2010 年由较高向高变动，2010—2015 年又由高向较高转变，回到初始状态。渝北区与巴南区足迹广度减少最为明显，渝北区由较高降至较低、巴南区由高降至中等，均下降至少 0.5。江津区与南川区变为增加趋势。江津区从中等向较高变动、南川区从较高向高变动，这表明两地对自然资本流量的占用在逐渐增加。

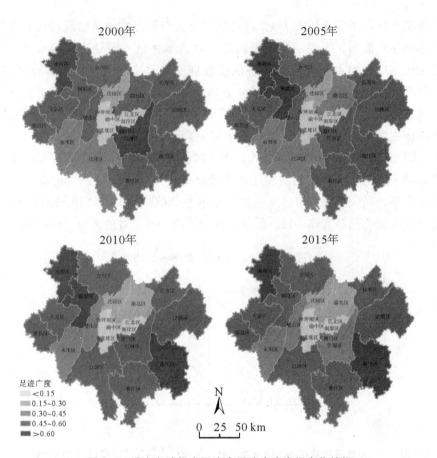

图 7.6　重庆主城都市区生态足迹广度空间变化特征

　　图 7.7 显示，2000—2015 年重庆主城都市区足迹深度空间变化较大，东、西两地区足迹深度存在明显差异，呈现"西高，东低"的空间分布特征，空间变化特征为"中心降低，四周增加"。截至 2015 年，东部合川区、潼南区、铜梁区、璧山区、大足区、永川区和荣昌区均位于高值区，西部仅长寿区位于高值区，其余西部城区多位于中值区、低值区。明显西高东低，这与重庆东、西两地地理位置密切相关。西部地区与成都平原的经济联系紧密，与外界交往频繁，需要消耗的自然资源较多；东部地区位置相对闭塞，限制了其自身发展，对自然资本存量占用较少。从变化情况来看，中心城区渝中区与巴南区没有变化，渝中区依然是低梯度、巴南区为中等；其余 7 个主城区分别从较低、中等、高向低演变，变化最为显著的是九龙坡区和大渡口区，都是从高向低演变，这意味着中心城区对自然资源的消费在减少。14 个主城新区除个别区域外，足迹深度均在不同程度上有所增加，

变化最为明显的是合川区、潼南区、铜梁区、大足区、荣昌区、璧山区，均从中等向高演变，以及涪陵区由低向中等演变。

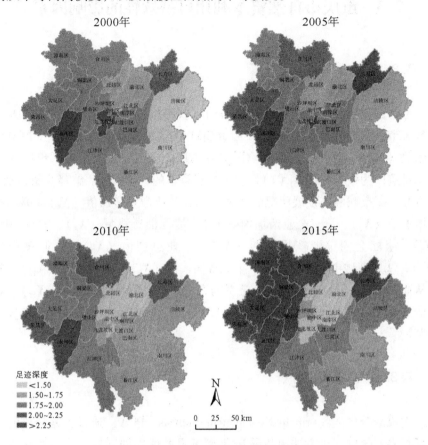

图 7.7 重庆主城都市区生态足迹深度空间变化特征

7.2.3 自然资本利用可持续性变化

根据式（7.6）测算出 2000 年、2005 年、2010 年、2015 年重庆主城都市区存量流量利用比。研究期内存量流量利用比呈波动上升趋势，由 2000 年的 88%上升到 2005 年的 97%，随后又下降至 2010 年的 75%，接着又上升到 2015 年的 98%，增长率为 11.36%，表明自然资本流量基本不能满足人类生产生活需求，需要消耗自然资本存量才能满足其需要，生态赤字问题愈加突出。这意味着重庆主城都市区的生态环境面临严峻挑战，需要采取绿色发展等方式来改善生态环境，实现生态可持续发展。

7.3 重庆市自然资本利用可持续性的影响因素

7.3.1 变量设置

考虑到重庆市的实际情况和数据的可获得性，以及经济、社会和人口对重庆市直接或间接的影响，参考董建红等（2019）、金梦婷等（2020）、杨屹等（2018）对生态足迹影响因素的选取方法，将重庆主城都市区人均生态足迹作为被解释变量（Y），表征自然资本的利用状况。解释变量包括 3 个方面：①反映经济发展状况的变量，第一产业产业增加值（X_1）、第二产业增加值（X_2）、第三产业增加值（X_3）、能源消费总量（X_4）、人均 GDP（X_5）、全社会固定资产投资额（X_6）、工业总产值（X_7）、农业总产值（X_8）；②展现城市规模的变量，年末常住人口（X_9）、城镇化率（X_{10}）、城镇从业人员（X_{11}）；③体现社会消费的变量，社会消费品零售额（X_{12}）、农村居民人均纯收入（或可支配收入）（X_{13}）。指标数据来源于《重庆市统计年鉴》。

7.3.2 影响因素分析

主成分分析法（principal component analysis，PCA）通过数据降维的方式进行多元统计，该方法可以解决要素多重共线性的问题，从而能够在最大程度上解释原始数据反映信息（黄进 等，2021；宫彬彬 等，2021）。本书运用 SPSS 软件对选取的 13 个指标进行主成分分析。结果表明（见表7.3），当提取 3 个主成分时，累计贡献率达到 81.131%，基本可以用于替代全部原始变量。主成分 PCA1 与人均 GDP、农村居民人均可支配收入、第二产业增加值等正相关，反映了生产、消费、产业结构、城市规模的大部分信息；主成分 PCA2 主要与第一产业增加值和农业总产值正相关，可以看作反映了经济发展状况；主成分 PCA3 主要与能源消费总量和年末常住人口正相关，可用于解释人口数据所反映的信息。

表 7.3 影响因素的主成分分析结果

主成分	累计贡献率/%	影响因素	相关系数
PCA1	49.942	人均 GDP	0.967
		全社会固定资产投资额	0.947
		社会消费品零售额	0.936
		工业总产值	0.913
		农村居民人均可支配收入	0.893
		第三产业增加值	0.883
		第二产业增加值	0.822
		城镇化率	0.511
		城镇从业人员	0.302
PCA2	66.616	第一产业增加值	0.757
		农业总产值	0.673
PCA3	81.131	能源消费总量	0.655
		年末常住人口	0.831

将重庆主城都市区人均生态足迹作为被解释变量，主成分 PCA1、PCA2、PCA3 作为解释变量，运用 Stata16.0 进行线性回归分析，可以分析经济发展、社会消费、城镇发展等多要素指标对人均生态足迹的影响机理。结果显示（见表 7.4），主成分 PCA1 通过了显著性检验（$P<0.01$），这表明主成分 PCA1 所包含的指标对人均生态足迹有显著影响。

表 7.4 回归模型结果参数

自变量	系数	t 统计量	显著性 p
PCA1	0.33	4.20	0.000
PCA2	−0.08	−1.02	0.310
PCA3	−0.07	−0.83	0.410

根据重庆主城都市区实际发展状况以及表 7.4 的回归结果可知：在经济发展方面，人均 GDP、全社会固定资产投资额、工业总产值以及第二产业增加值等与人均生态足迹正相关，这与程钰等人（2019）在对黄河三角洲地区自然资本流动影响因素进行测度时得到的结果一致。随着重庆主城都

市区经济发展以及区域开发建设进程推动，人类经济活动频繁，对自然资本的需求持续增加，生态环境依然面临严峻挑战。在社会消费方面，社会消费零售额和农村居民可支配收入也存在显著正相关关系，董建红等（2019）和马明德等（2014）对宁夏自然资本驱动机制以及甘肃省三维生态足迹驱动力进行研究时同样指出社会消费与自然资本占用呈正相关，这与本书结论一致。随着居民可支配收入增加，居民消费结构发生变化，其对自然资源的占用日益增强，因此倡导居民理性消费，提倡使用清洁能源是缓解生态环境恶化的有效途径。在城市规模方面，城镇化率与城镇从业人口与人均生态足迹也正相关，经济发展一般伴随着较高的生态足迹（晋雪茹 等，2019），因此城镇规模的扩大是影响重庆主城都市区人均生态足迹的重要因素。2000 年来重庆主城都市区城镇化率由 49.68% 增长为 2015 年的 69.42%，城镇化发展加速了居民对自然资本的占用，在一定程度上损害了生态环境。

7.4 小结

本章以重庆主城都市区为例，基于改进后三维生态足迹模型引入存量流量利用比，分析 2000 年、2005 年、2010 年、2015 年重庆主城都市区三维生态足迹变化特征以及自然资本利用状况，从而评估该地区的可持续发展状况，在前文分析的基础上运用主成分分析法与线性回归模型对人均生态足迹的影响因素进行分析。研究显示：

（1）研究期内重庆主城都市区人均生态足迹逐渐增加，生态承载力缓慢下降，可见生态赤字进一步加大，生态环境压力仍然较大。

（2）2000—2015 年重庆主城都市区足迹深度"西高东低"，具有"中心降低，四周增加"的变化趋势，资本存量消耗整体表现为波动上升，其变化趋势与三维生态足迹变化基本一致。人均足迹广度在空间上表现为"中间低，四周高"，从变化特征来看对自然资本流量占用有所减少。

（3）2005—2015 年重庆主城都市区存量流量利用比呈上升趋势，表明重庆主城都市区逐渐加大资本存量的消耗，来弥补流量资本不足，生态赤字的问题依然严峻。

（4）经济快速发展、人口规模扩大、社会消费增加以及城镇规模加大是人均生态足迹增加的主要影响因素，其中人均 GDP 对人均生态足迹影响最大，城镇化率对人均生态足迹影响最小。

运用三维生态足迹模型来衡量地区可持续发展状况已经成为一种常见的核算方法（金梦婷 等，2020），学术界已有众多学者对不同区域进行了研究。通过自然资本存量与流量使用情况对比，可以直观看出消耗存量资本以维持当前发展而使地区可持续发展受到威胁已成为普遍现象（刘海燕 等，2017；秦超 等，2015；朱晚秋 等，2018）。重庆市素有"山城"之称，地理地形位置特殊，但经济活动依然活跃。2001 年国家实行西部大开发加速重庆经济社会发展，同时当地生态环境压力进一步加大，这也是重庆主城都市区生态赤字不断扩大的原因。通过本书研究可以发现重庆生态赤字问题仍未解决，面临的城市可持续发展问题亟需解决。结合本书研究结论，重庆市在其生态文明建设中可以参考以下几点建议：

首先，优化产业结构，实施环境优化措施。减少第二产业用地的面积，能有效减小生态足迹，改善生态环境。因此，可以通过整顿高污染、高消耗的企业，提倡使用绿色清洁能源来降低对存量资本的消耗，从而促进重庆市社会生态可持续发展。

其次，优化经济社会结构和规模布局。人口、消费及城镇化发展是重庆生态足迹的重要影响因素，合理布局其规模发展是降低生态足迹的有效措施，并根据土地生态承载力倒逼各主城都市区进行经济发展规模布局合理优化。

最后，转变消费观念，引导居民合理消费。人类消费方式和消费需求的转变是影响人均生态足迹的重要因素。因此，在重庆生态赤字不断扩大的背景下，改变人们的生产生活方式，建立资源节约型和环境友好型的生产生活体系，是有效降低人均生态足迹和促进重庆可持续发展的措施。

8 山地城市综合承载力评价

城市作为人类活动的集散地中心，是人流、物流、信息流的重要载体，对经济社会发展具有重要作用（刘荣增 等，2021）。但伴随经济快速发展以及城市化不断推进，城市发展面临的挑战也更加严峻，如人口聚集、资源短缺、生态破坏和环境污染等问题。"十四五"规划指出要坚持新发展理念，把新发展理念贯穿发展全过程和各领域，构建新发展格局，切实转变发展方式，推动质量变革、效率变革、动力变革，实现更高质量、更有效率、更加公平、更可持续、更为安全的发展。这些都与城市的综合承载力息息相关。城市综合承载力与城市可持续发展密切相关，因而，研究城市综合承载力，对于合理有效利用城市内土地资源、水资源等资源，提高城市综合承载力和城市化水平，实施国家主体功能区战略有着重要的作用，对于促进城市的协调可持续发展具有重要的理论和实践意义。因此，本章主要内容是明确指标体系构建原则以及城市综合承载力评价指标体系、介绍指标选取方法以及评价方法、分析重庆以及长江经济带的城市综合承载力发展状况。

8.1 评价指标体系与评价方法

8.1.1 评价指标体系构建的原则

城市综合承载力是一个复杂的系统，指在一定的经济、社会和技术水平条件下，以及在一定的资源和环境约束下，某一城市的土地资源所能承载的人口数量及人类各种活动的规模和强度的具有相对极限意义的阈值（石忆邵 等，2013）。学界对于城市综合承载力的测度至今还没有一个统一的共识，一般来说对于城市综合承载力测度是通过构建指标体系的方法来实现的，这当中就必然有对指标选取的考量，指标选取可以是不同的（姜豪 等，2016），但在其指标体系构建过程中应遵循以下原则：

（1）科学性原则。城市系统是一个开放动态的复杂系统，具有众多的子系统以及子系统下的从多要素。因此，在构建城市综合承载力指标体系时，指标选取需要遵从科学精神，避免主观臆造，需要运用公认的科学合理的方法以确保后续测度的可操作性，包括指标的选择、指标权重的计算、指标值的标准化处理、指标的合成与计算等，都需要有明确的科学依据。

（2）全面性原则。根据城市综合承载力的定义可见城市综合承载力的评价几乎涉及环境、社会、资源、经济等各个方面，因此指标选取应选综合性指标，能够全面体现承载力所涉及的概念、内容和特性等，如资源存量、环境质量、经济发展因子等，不应局限于繁多的统计指标本身，而是能够透过这些评价指标和评价数据本身，更全面、更整体地反映一个城市的综合水平和整体实力。

（3）实用性原则。指标评价体系是为了计算城市综合承载力服务的，具有较强且明确的实践目的，因此，在指标的选取过程中不仅要考虑指标的全面性和科学性，还需要考虑指标的实用性，从而使得评价方法易于操作，评价结果也易于理解。

（4）代表性原则。城市综合承载力涵盖内容丰富多样，其包含的相关参数也涉及方方面面。显然，选取所有指标是不现实的，因此，就需要在指标体系构建时尽可能地选择具有代表性的指标作参数。代表性的指标能够避免指标体系重复，信息过多、冗余、繁杂等问题，而能实现以尽可能少的指标涵盖较为全面、完整的信息，使得评价结果更为公正、可信。

（5）可行性原则。城市综合承载力描述的是一个现实状况，具有动态变化的特征，这也就是说，城市综合承载力评价标准应以现实为基础，且无论是谁也不能找到一个永恒的、无论什么历史条件下都能让大家公认的城市综合承载力评价体系。因此，在指标体系构建中，选取的指标还要考虑每个指标数据的可获得性，那些目前无法获得、很难获得准确资料或为获得该指标投入高于指标本身所带来的社会与经济效益的指标，都是不可行的。

（6）适用性原则。从城市综合承载力的概念可以看出，城市综合承载力研究的主体、对象，都处于一定的时空条件下，不同区域内形成的客观条件并不相同；所以，相同指标对城市综合承载力的影响程度会因研究区域客观条件的不同而不同。因此，为得到更加客观可靠的评价结果，在构

建城市综合承载力的评价指标体系中，应尽可能结合研究区域的特征选择
评价指标。

8.1.2　评价指标及其权重的确定

1. 评价指标体系的建立

城市综合承载力是人口、经济、环境、资源、公共服务等各个方面共
同作用和协调发展的整体表征。为了将多种因素协同贡献纳入城市综合承
载力的具体评价中，遵循城市综合承载力评价指标体系构建的基本原则，
参考其他学者的研究成果，城市综合承载力评价指标体系包括人口、资源、
环境、经济、基础设施、公共服务 6 个准则层和 25 个三级指标（见表
8.1）。人口承载力从人口数量和就业两个方面来确定，包括人口密度、人
口自然增长率、单位面积就业人员。资源承载力从建设用地、居住用地和
水资源三个方面来确定，包括人均建设用地面积、人均居住用地面积、人
均可用水资源量。环境承载力从工业污染物排放和生态建设两个方面确定，
包括单位 GDP 工业废水排放量、单位 GDP 工业二氧化硫排放量、单位 GDP
工业烟（粉）尘排放量、建成区绿化覆盖率、人均绿地面积。经济承载力
从经济规模和经济结构两个方面确定，包括单位面积 GDP、人均 GDP、第
三产业占 GDP 比重。基础设施承载力从城市供水、供气、交通和环境保护
四个方面确定，包括人均居民用水量、燃气普及率、人均城市道路面积、
污水处理厂集中处理率、生活垃圾无害化处理率。公共服务承载力从教育、
医疗和公共交通三个方面确定，包括每万人中小学数、中小学生师比、每
万人医院数、每万人床位数、每万人卫生技术人员、每万人拥有公共汽
车数。

表8.1 城市综合承载力评价指标体系

目标层	准则层	指标层	单位
城市综合承载力	人口	人口密度（x_1）	人/平方公里
		人口自然增长率（x_2）	‰
		单位面积就业人员（x_3）	人/平方公里
	资源	人均建设用地面积（x_4）	平方米/人
		人均居住用地面积（x_5）	平方米/人
		人均可用水资源量（x_6）	立方米/人
	环境	单位 GDP 工业废水排放量（x_7）	吨/万元
		单位 GDP 工业二氧化硫排放量（x_8）	吨/亿元
		单位 GDP 工业烟（粉）尘排放量（x_9）	吨/亿元
		建成区绿化覆盖率（x_{10}）	%
		人均绿地面积（x_{11}）	平方米/人
	经济	单位面积 GDP（x_{12}）	亿元/平方公里
		人均 GDP（x_{13}）	元/人
		第三产业占 GDP 比重（x_{14}）	%
	基础设施	人均居民用水量（x_{15}）	吨/人
		燃气普及率（x_{16}）	%
		人均城市道路面积（x_{17}）	平方米/人
		污水处理厂集中处理率（x_{18}）	%
		生活垃圾无害化处理率（x_{19}）	%
	公共服务	每万人中小学数（x_{20}）	所/万人
		中小学生师比（x_{21}）	—
		每万人医院数（x_{22}）	个/万人
		每万人床位数（x_{23}）	张/万人
		每万人卫生技术人员（x_{24}）	人/万人
		每万人拥有公共汽车数（x_{25}）	辆/万人

2. 最小数据集的确定

评价指标的初选需要按照省份对地级市进行分组，再运用多元统计分析检验评价指标在各省之间的差异显著性。我们首先采用 Kolmogorov-Smirnov（K-S）单样本检验对城市综合承载力各个评价指标进行分布特征的检验。K-S 检验是一种分布拟合优度的检验，其方法是将一个变量的累积分布函数与特定分布进行比较。如果评价指标服从正态分布，则采用 ANOVA（analysis of variance，方差分析）检验各省份之间评价指标均数差别的显著性；如果评价指标拒绝正态分布，则采用一种非参数检验方法（kruskal-wallis test）检验各省份之间评价指标是否来自同一个概率分布。

通过以上方法检验在各省分组中存在差异显著性的评价指标将作为城市综合承载力评价的候选指标。

Charles Spearman 在 1904 年首次提出因子分析法，因子分析被认为是主成分分析法的推广和拓展，已经被广泛应用于承载力评价的多个领域。因子分析法是基于对多个变量相关系数矩阵的内部依赖关系分析，找出能综合所有变量主要信息的不可直接测量的几个随机变量（通常称为因子），从而达到减少变量数目、降低维度的目的。因子分析的基本模型如下：

$$
\begin{aligned}
x_1 &= \lambda_{11}f_1 + \lambda_{12}f_2 + \cdots + \lambda_{1m}f_m + \varepsilon_1 \\
x_2 &= \lambda_{21}f_1 + \lambda_{22}f_2 + \cdots + \lambda_{2m}f_m + \varepsilon_2 \\
&\vdots \\
x_p &= \lambda_{p1}f_1 + \lambda_{p2}f_2 + \cdots + \lambda_{pm}f_m + \varepsilon_p
\end{aligned}
\tag{8.1}
$$

其中，x_1，x_2，$\cdots$，x_p 为评价指标；f_1，f_2，$\cdots$，f_m 为公因子；λ_{jk}（$j = 1$，2，$\cdots$，p；$k = 1$，2，$\cdots$，m）为因子载荷，实质上是公因子和评价指标的相关系数；e_j（$j = 1$，2，$\cdots$，p）为误差项，代表公因子以外的其他因素产生的影响。

主成分分析法是分析多个变量之间相关性的一种多元统计方法，通常被作为因子分析法的中间步骤，即提取公因子。主成分分析法通过正交变换将可能存在多元共线性的评价指标转换或一个线性组合的新变量（主成分），达到降维的目的。针对城市综合承载力评价，主成分分析法可以通过降维减少评价指标的数量，避免数据冗余问题。

首先，根据城市综合承载力评价指标的数据矩阵求出相关系数矩阵。计算公式如下：

$$
r_{ij} = \frac{\sum_{k=1}^{n}(x_{ki} - \bar{x}_i)(x_{kj} - \bar{x}_j)}{\sqrt{\sum_{k=1}^{n}(x_{kj} - \bar{x}_i)^2 \sum_{k=1}^{n}(x_{kj} - \bar{x}_j)^2}}
\tag{8.2}
$$

其中，r_{ij}（i，$j = 1$，2，$\cdots$，p）为评价指标 x_i 和 x_j 之间的相关系数。

其次，主成分的提取需要求出协方差矩阵的特征根、特征向量以及主成分的方差贡献率和累计贡献率。特征根是决定主成分影响程度的关键指标，表示提取该主成分后可以解释多个原始变量的信息。方差贡献率越大表明主成分的方差在总体样本方差中的占比越大。累计贡献率是方差贡献率按照大小顺序排列，排在前列的部分主成分方差贡献率总和，表明这些主成分总体提取了多少原始信息。通常情况下，累计贡献率达到85%即认为这些主成分包含了评价指标所具有的主要信息。因子载荷的计算公式如下：

$$\lambda_{ij} = p(f_i, \ x_j) = \sqrt{\gamma_i}\, e_{ij} \quad i, \ j = 1, \ 2, \ \cdots, \ p \quad\quad (8.3)$$

最后，确定主成分，结合专业知识给各主成分所蕴涵的信息予适当的解释。

为了更清楚地表达各个因子和原始评价指标的相互关系，使各个因子具有更加明显的意义，提高评价指标因子载荷矩阵中的系数大小，可以通过方差最大正交旋转等方法对初始因子载荷矩阵进行旋转。这个过程需要重新计算各个因子和原始评价指标间的相关性，相关系数的绝对值更接近 0 或 1 两极的值，从而更容易辨识每个评价指标在各个因子中的重要性。

根据相关研究文献，认为主成分的特征根大于 1 并且具有较高的因子载荷，这些主成分可以更好地代表评价指标的原始信息（Andrews et al.，2001；Kaiser，1960）。因此，首先选择单个主成分的方差贡献率不小于 5% 以及累计贡献率达到 85% 的主成分（Wander et al.，1999）。在每个主成分中选出因子载荷的绝对值占总和 10% 范围内的评价指标作为城市综合承载力评价的候选指标（Li et al.，2013；Brejda et al.，2000）。最后，对选出的候选指标进行相关分析，计算出指标之间的相关系数，检验候选指标中是否存在明显的数据冗余问题（Andrews et al.，2002）。我们认为候选指标相关系数大于 0.7 即具有高度相关性，可能导致城市综合承载力评价最小数据集的冗余问题。因此，在这些候选指标中，选出因子载荷绝对值较大的评价指标构成城市综合承载力评价最小数据集。

3. 权重的确定

城市综合承载力评价是一个典型的多层次、多准则、多属性决策问题，加之最小数据集中的评价指标对城市综合承载力的贡献程度不同，所以在进行综合评价之前需要确定各个评价指标的相对重要性权重。科学合理地为各个评价指标赋予其相应的权重是城市综合承载力评价的关键。基于评价指标的内在关系，各评价指标的权重通过主成分分析确定。通过对评价指标数据集的主成分分析，计算得到各评价指标的公因子方差，各评价指标公因子方差占公因子方差总和的比例即为最小数据集中评价指标权的重值（金慧芳 等，2018）。计算公式如下：

$$w_i = \mathrm{Com}_i \Big/ \sum_{i=1}^{n} \mathrm{Com}_i \quad\quad (8.4)$$

其中，w_i 为各评价指标的权重；Com_i 为各评价指标的公因子方差。

8.1.3　评价方法

城市综合承载力评价是一个比较复杂的过程，其评价指数大小是由特定城市发展过程中的人口、生态、环境、经济、公共服务等多方面承载力水平决定的。因此，在对城市综合承载力的总体水平进行评价之前首先应对单个评价指标的承载力状况做出评价。传统的城市承载力评价在对单个指标进行评价时，首先制定评价指标分级标准，然后根据评价指标实际值确定各评价指标的级别。但是，在实际研究中，并非所有指标的评价标准都具有明显的界限，各评价指标对城市综合承载力水平的影响是渐变的，也就是说，各评价指标对评价目标的贡献具有模糊性。因此，采用模糊数学方法进行城市综合承载力单项指标评价可获得科学的评价结果（王建国等，2001）。

应用模糊数学方法建立单项指标评价模型的关键，就是确定评价指标对城市综合承载力的作用方式以及各指标的评价标准。所谓指标的评价标准是指城市综合承载力对评价指标体系中各评价指标的"要求值"或国家相关标准中的规定值。虽然各指标的评价标准对不同区域或不同领域而言是有差异的，但对具体某一个地区或者某一方面来说，每个指标的评价标准都有一个确定的值或者范围。本章对指标评价标准的确定主要通过以下三种方式：一是在进行充分理论分析的基础上，通过综合专家意见确定指标的评价标准；二是参考现有研究成果和成功案例确定指标的评价标准；三是依据国家标准、行业标准、地方标准的相关条款确定指标的评价标准。

1. 单项指标评价

评价指标与城市综合承载力水平之间存在不同的相关关系，可根据具体情况确定各指标的评价模型。

（1）评价指标与城市综合承载力水平在一定范围内成正相关关系，而低于或高于此范围，评价指标值的变化对城市综合承载力水平的影响很小。据此，可确定出此类指标的评价标准。建立这类评价指标的隶属函数时，可采用升半梯形分布的隶属函数：

$$\mu(x) = \begin{cases} 1, & x \geqslant b \\ \dfrac{x-a}{b-a}, & a < x < b \\ 0, & x \leqslant a \end{cases} \qquad (8.5)$$

式中，$u(x)$ 为评价指标的承载力水平指数；x 为评价指标的实测值；a、b

为指标评价标准的临界值。

（2）评价指标与城市综合承载力水平在一定范围内成负相关关系，而低于或高于此范围，评价指标值的变化对城市综合承载力水平影响很小。此范围的上下界即是此类指标的评价标准。在建立这类评价指标的隶属函数时，可采用降半梯形分布的隶属函数：

$$\mu(x) = \begin{cases} 1, & x \leqslant a \\ \dfrac{b-x}{b-a}, & a < x < b \\ 0, & x \geqslant b \end{cases} \tag{8.6}$$

（3）评价指标与城市综合承载力水平成抛物线关系。这类评价指标对城市综合承载力水平有一个最佳承载范围，超过此范围，随着指标偏离程度的增大，城市综合承载力作用的发挥越受限，直至城市综合承载力不能发挥应有的作用。据此，可确定出此类指标的评价标准。在建立这类评价指标的隶属函数时，可采用将抛物线近似为梯形分布的隶属函数：

$$\mu(x) = \begin{cases} 1, & b_1 \leqslant x \leqslant b_2 \\ \dfrac{x-a_1}{b_1-a_1}, & a_1 < x < b_1 \\ \dfrac{a_2-x}{a_2-b_2}, & b_2 < x < a_2 \\ 0, & x \leqslant a_1 \ or \ x \geqslant a_2 \end{cases} \tag{8.7}$$

式中，a_1、a_2、b_1、b_2 为指标评价标准的临界值。

（4）评价指标是定性描述的。对于此类评价指标，不能将评价指标与城市综合承载力水平的关系定量化，评价指标值只有具有承载力（属于某集合 A）和不具有承载力（不属于某集合 A）这两种情况。当建立这类评价指标的隶属函数时，可采用经典集合论中的特征函数：

$$\mu(x) = \begin{cases} 1 & x \in A \\ 0 & x \notin A \end{cases} \tag{8.8}$$

式中，A 为指标评价标准的集合。

2. 综合评价

由于城市综合承载力是各评价指标综合作用的结果，因而在对各指标进行单独评价之后，需要采用一定的方法将单项指标评价的结果转换成由最小数据集构成的城市综合承载力评价结果，即要对城市综合承载力水平进行综合评价。科学的城市综合承载力水平综合评价方法应能同时考虑各评价指标间的交互作用和各评价指标的权重对城市综合承载力评价结果的影响。在综合分析和研究目前常用的综合评价方法基础上，本书结合加权求和方法来建立城市综合承载力水平综合评价的数学模型：

$$UCCC = \sum_{i=1}^{n} w_i \cdot \mu(x_i) \qquad (8.9)$$

城市综合承载力综合评价模型的理论含义：UCCC 是城市综合承载力水平指数，它反映最小数据集评价指标构成的城市综合承载力水平大小；$\mu(x)$ 是各评价指标的承载力水平指数，它反映各评价指标的承载力水平大小；w 为各评价指标的权重，它的大小反映各评价指标的相对重要性；$w \cdot \mu(x)$ 体现各评价指标对城市综合承载力水平的贡献大小；评价指标体系内的加权求和运算体现各评价指标对城市综合承载力水平贡献大小的迭加性。由此可见，上述城市综合承载力水平综合评价模型充分考虑了单个评价指标、评价指标权重、评价指标间交互作用和评价指标体系间交互作用对城市综合承载力水平的共同影响，表达科学合理，计算简捷方便，所得结果能综合反映出城市综合承载力水平的实际大小。

8.1.4 数据来源

本章的研究数据主要来源于《重庆市统计年鉴》(2002—2018 年)、《中国城市统计年鉴》(2002—2018 年)、《中国城市建设统计年鉴》(2006—2018 年)、《中国环境统计年鉴》(2002—2018 年)以及 2002—2018 年重庆市及长江经济带各地级市的统计年鉴、统计公报。

8.2 重庆市城市综合承载力评价

8.2.1 评价指标统计特征

城市综合承载力评价指标体系包括 6 个评价准则和 25 个评价指标，为了对比分析重庆市和长江经济带各城市的综合承载力水平，本章选择长江经济带范围内的地级市和直辖市作为研究对象，旨在构建更具普适性的城市综合承载力评价最小数据集。对城市综合承载力评价指标进行描述性统计特征分析，由表 8.2 可知，长江经济带各城市的评价指标值差异明显。变异系数主要反映城市综合承载力评价指标的变异性和敏感性，变异系数越大说明评价指标对城市综合承载力差异性越敏感。由表8.2可以看出，评价指标总体上处于中低变异强度。单位面积就业人员、人均可用水资源量、单位GDP工业废水排放量、单位GDP工业二氧化硫排放量、单位GDP工业烟（粉）尘排放量、单位面积GDP的变异系数均超过100%，为高变异强度指标。生活垃圾无害化处理率的变异系数仅为8.11%，变异强度较低。其他评价指标的变异系数介于10.56%~85.86%，属于中等变异强度。

考虑到不同省份地区差异对城市综合承载力的影响，采用K-S单样本检验对城市综合承载力各个评价指标进行分布特征的检验。由表8.2可以看出，12个评价指标的K-S检验结果满足正态分布的假设，包括人口自然增长率、人均居住用地面积、人均可用水资源量、人均GDP、第三产业占GDP比重、人均居民用水量、燃气普及率、人均城市道路面积、中小学生师比、每万人床位数、每万人卫生技术人员、每万人拥有公共汽车数；13个评价指标的K-S检验结果拒绝正态分布的假设，表现为峰态或偏态分布，包括人口密度、单位面积就业人员、人均可用水资源量、单位GDP工业废水排放量、单位GDP工业二氧化硫排放量、单位GDP工业烟（粉）尘排放量、建成区绿化覆盖率、人均绿地面积、单位面积GDP、污水处理厂集中处理率、生活垃圾无害化处理率、每万人中小学数、每万人医院数。对于符合正态分布的评价指标，采用ANOVA检验各省份之间评价指标均数差别的显著性；对于不满足正态分布的评价指标，采用K-W检验各省份之间评价指标是否来自同一个概率分布。如表8.2所示，通过以上方法检验在各省份中存在差异显著性的评价指标有17个，这些评价指标将作为城市综合承载力评价的候选指标。

表8.2 城市综合承载力评价指标描述性统计特征

评价指标	最小值	最大值	平均值	标准差	变异系数/%	偏度	峰度	K-S	ANOVA	K-W
x_1	56.00	3 586.00	821.06	547.55	66.69	2.10	7.09	0.031		0.071
x_2	0.49	15.96	6.61	3.34	50.56	0.23	-0.39	0.853	0.000	
x_3	15.00	1 052.00	183.02	199.98	109.27	2.46	7.14	0.000		0.004
x_4	0.00	212.77	87.87	38.20	43.47	0.34	0.04	0.670	0.271	
x_5	0.00	64.41	26.75	12.47	46.62	0.63	0.44	0.779	0.357	
x_6	202.61	128 130.43	11 864.66	17 697.32	149.16	3.60	17.69	0.000		0.000
x_7	1.90	132.13	15.60	20.20	129.44	3.37	13.38	0.000		0.053
x_8	2.94	1 163.35	92.63	141.05	152.28	4.79	31.09	0.000		0.000
x_9	3.06	502.60	63.87	75.17	117.70	2.77	10.90	0.000		0.001
x_{10}	19.91	51.44	40.02	5.11	12.76	-1.09	2.79	0.029		0.000
x_{11}	0.00	296.04	45.56	39.12	85.86	3.65	18.11	0.000		0.024
x_{12}	0.03	5.54	0.76	0.89	118.17	2.73	9.60	0.000		0.001
x_{13}	0.00	43.93	7.04	4.89	69.43	4.06	28.98	0.079	0.013	

表8.2（续）

评价指标	最小值	最大值	平均值	标准差	变异系数/%	偏度	峰度	K-S	ANOVA	K-W
x_{14}	25.63	76.58	46.30	9.59	20.72	0.39	0.40	0.950	0.000	
x_{15}	6.058	108.98	37.66	21.13	56.12	1.112	1.290	0.261	0.061	
x_{16}	0.00	147.89	51.12	29.58	57.86	0.38	-0.07	0.921	0.182	
x_{17}	1.47	36.46	12.72	6.54	51.38	0.96	1.05	0.068	0.001	
x_{18}	39.80	100.00	87.66	9.25	10.56	-2.13	6.60	0.001		0.075
x_{19}	45.25	100.00	96.30	7.81	8.11	-3.75	18.45	0.000		0.000
x_{20}	0.45	4.63	1.49	0.69	46.03	1.59	3.74	0.042		0.000
x_{21}	7.17	21.85	15.51	2.32	14.98	0.15	1.03	0.321	0.000	
x_{22}	0.00	3.94	0.61	0.43	70.57	4.99	34.46	0.000		0.000
x_{23}	28.39	158.18	82.19	31.31	38.10	0.63	-0.27	0.395	0.003	
x_{24}	10.30	76.62	34.42	14.27	41.46	0.84	0.59	0.122	0.000	
x_{25}	1.23	24.87	7.91	5.08	64.22	1.22	1.38	0.078	0.024	

注：①K-S 为 One-Sample Kolmogorov-Smirnov Test；②ANOVA 为 one-way analysis of variance；③K-W 为 Kruskal-Wallis test。

8.2.2 城市综合承载力评价的最小数据集

根据因子分析的适用条件，我们对城市综合承载力评价指标体系中的评价指标进行了适当性度量（KMO）与巴特利特（Bartlett）球体检验，KMO 为 0.719（> 0.7），说明评价指标数据样本量比较充足；Bartlett 球度检验结果显示，近似卡方值为 821.612，显著性概率 Sig. < 0.001，拒绝各评价指标独立的假设，即评价指标间具有较强的相关性。以上说明本章城市综合承载力评价指标数据适合做因子分析。

基于因子分析结果，在因子提取中按照特征根大于 1 的原则确定公因子数量，从 25 个城市综合承载力评价指标中提取 5 个公因子。为了使各因子的方差差异达到最大，采用方差最大正交旋转。从累积方差贡献率可以看出，前 5 个公因子已经了解释了方差变异中的 66.173%，包含了评价指标的大部分信息。计算各评价指标在各个公因子上的载荷大小，并选出选出因子载荷的绝对值占总和 10% 范围内的评价指标（见表 8.3）：公因子 1 的方差贡献率为 20.525%，因子载荷较高的是单位面积就业人员、单位面积 GDP、每万人拥有公共汽车数，主要反映了就业、经济和公共交通等承载力；公因子 2 的方差贡献率为 12.995%，因子载荷较高的是单位 GDP 工业二氧化硫排放量和单位 GDP 工业烟（粉）尘排放量，主要反映了环境污染承载力；公因子 3 的方差贡献率为 12.638%，因子载荷较高的是每万人医院数和每万人床位数，主要反映了公共医疗承载力；公因子 4 的方差贡献率为 10.015%，因子载荷较高的是建成区绿化覆盖率，主要反映了生态环境承载力；公因子 5 的方差贡献率为 9.999%，因子载荷较高的是人口自然增长率和中小学生师比，主要反映了人口和教育承载力。对 5 个公因子中选出的候选指标进行相关分析，计算出指标之间的相关系数（见表 8.4），再从具有高度相关性的指标中选出因子载荷绝对值较大的评价指标构成城市综合承载力评价最小数据集。最终，城市综合承载力评价最小数据集包括单位面积就业人员、单位 GDP 工业二氧化硫排放量、建成区绿化覆盖率、单位面积 GDP、中小学生师比、每万人医院数、每万人拥有公共汽车数，涵盖了人口、环境、经济、公共服务等方面，可以解释最初 25 个评价指标的原始信息。

表 8.3　公因子载荷矩阵及 Com 值计算结果

评价指标	主成分载荷矩阵					Com 值
	公因子 1	公因子 2	公因子 3	公因子 4	公因子 5	
x_2	0.096	0.175	0.020	-0.048	0.754	0.611
x_3	0.872	-0.212	-0.064	-0.023	-0.071	0.816
x_6	-0.180	0.515	0.539	0.235	0.081	0.650
x_8	-0.095	0.705	-0.115	-0.384	0.177	0.699
x_9	-0.129	0.774	-0.017	0.030	0.205	0.658
x_{10}	0.031	-0.165	-0.054	0.844	0.036	0.745
x_{11}	0.212	0.168	0.036	0.547	-0.341	0.490
x_{12}	0.896	-0.194	-0.095	0.031	-0.084	0.857
x_{13}	0.438	-0.281	-0.131	0.423	0.145	0.489
x_{14}	0.605	0.395	0.186	0.188	0.002	0.592
x_{19}	0.161	-0.349	0.137	0.331	-0.374	0.415
x_{20}	-0.136	0.526	0.374	-0.206	0.366	0.611
x_{21}	-0.081	0.174	0.143	0.014	0.785	0.673
x_{22}	-0.020	-0.019	0.775	-0.195	0.056	0.643
x_{23}	0.448	-0.002	0.770	0.098	0.077	0.809
x_{24}	0.652	-0.090	0.561	0.206	-0.055	0.794
x_{25}	0.760	-0.086	0.298	0.163	0.013	0.700
特征值	3.489	2.209	2.149	1.703	1.700	
方差贡献率/%	20.525	12.995	12.638	10.015	9.999	
累积贡献率/%	20.525	33.520	46.158	56.173	66.173	

注：Com 值表示公因子方差比。

表 8.4　公因子高载荷评价指标的相关性检验

	x_2	x_3	x_8	x_9	x_{10}	x_{12}	x_{21}	x_{22}	x_{23}	x_{25}
x_2	1	-0.030	0.184	0.162	-0.145	-0.074	0.384 *	0.028	0.079	0.010
x_3		1	-0.261 *	-0.233 *	0.123	0.915 *	-0.132	0.013	0.311 *	0.550 *
x_8			1	0.539 *	-0.403 *	-0.265 *	0.351 *	0.056	-0.135	-0.230 *
x_9				1	-0.032	-0.223 *	0.316 *	0.056	0.026	-0.159
x_{10}					1	0.159	0.029	-0.132	0.066	0.147

表8.4(续)

	x_2	x_3	x_8	x_9	x_{10}	x_{12}	x_{21}	x_{22}	x_{23}	x_{25}
x_{12}						1	−0.143	−0.041	0.333 *	0.594 *
x_{21}							1	0.234 *	0.093	−0.022
x_{22}								1	0.467 *	0.082
x_{23}									1	0.571 *
x_{25}										1

注：① * 表示相关性达到显著水平（$p \le 0.05$）。

8.2.3　重庆市城市综合承载力评价结果

根据城市综合承载力评价最小数据集中各评价指标与城市综合承载力的相关关系，单位面积就业人员、建成区绿化覆盖率、单位面积 GDP、每万人医院数、每万人拥有公共汽车数采用上半梯形曲线的隶属函数；单位GDP 工业二氧化硫排放量和中小学生师比采用下半梯形曲线的隶属函数。隶属度函数的临界值分别为评价指标的最小值和最大值，评价指标的权重为各评价指标公因子方差占公因子方差总和的比例（见表8.5）。

表8.5　城市综合承载力评价指标隶属函数及权重

评价指标	隶属函数类型	函数参数		权重
		a	b	
x_3	上半梯形曲线	6.715	1 313.927	0.159
x_8	下半梯形曲线	3 798.886	2.943	0.136
x_{10}	上半梯形曲线	0.360	65.410	0.145
x_{12}	上半梯形曲线	0.006	5.541	0.167
x_{21}	下半梯形曲线	31.916	7.171	1.131
x_{22}	上半梯形曲线	0.206	1.964	0.125
x_{25}	上半梯形曲线	0.322	24.867	0.136

在建立重庆城市综合承载力评价指标体系基础上，运用层次分析法确定各指标的权重，再利用公式对各评价指标进行标准化处理，最后根据选取公式计算得出各评价准则的指数以及城市综合承载力指数。评价结果显示（见图8.1），研究期内重庆市城市综合承载力处于持续上升趋势，15 年间上升幅度达 35.49%。

从人口维度来看，研究期内重庆市单位面积就业人员指数先降后升，但波动幅度较小，2002—2007 年年均下降幅度为 5.41%，2007—2017 年年均上升幅度为 5.78%。在现实生活中，城市的承载能力也首先表现在人口规模上。人口数量作为施压方，其对资源、环境的需求以及排污量，一旦超过了作为承压方的城市载体提供和消耗的能力，就会出现城市生产生活的失衡和城市承载力问题，因此单位面积就业人员一定程度上也是决定综合承载力的主要因子。

从环境维度来看，其与重庆市城市综合承载力的变动高度相关，是决定城市综合承载力的主要因素。从具体的指标来看，单位 GDP 二氧化硫排放量在重庆城市综合承载力指数中所占比重是最大的，这一结果也与全国其他多个省份的结果一致，表明该指数是影响城市承载力的最主要因素。重庆建成区绿化覆盖率的提升对城市综合承载力起到了积极作用，2007—2012 年重庆建成区绿化覆盖率的提升最为显著，增长率达到 72.38%，在这一时期重庆城市综合承载力增长最为迅速，由 2007 年的 0.284 1 增加到 2012 年 0.358 8，增长率为 26.29%。随着社经济的发展和人口素质的提高，人们对生态环境的要求也越来越高，尤其是空气环境和绿化环境，这直接关系到人们的身心健康和生活质量。总体来看，环境维度中各因素对城市综合承载力的影响比较大，尤其是绿化覆盖率的提升，使得城市综合发展有更大空间。

从经济维度来看，单位面积 GDP 在该维度中所占权重最大，这说明区域内 GDP 的发展是影响城市综合承载力的重要因素。研究期内，重庆市单位面积 GDP 指数由 0.001 6 增加至 0.010 7，增加了近 10 倍，这表明区域内 GDP 的发展对城市综合承载力贡献力度越来越大，尤其是在 2007—2010 年期间上升迅速，这可能与 2008 年国际金融危机后，国家加强对经济发展指导有关。经济维度的总体情况就是，其承载力值在几类维度中的数值是最小的，表明其对城市综合发展的限制最小，但不可否认的是其对城市综合承载力的贡献在不断增加。

从公共服务维度来看，中小学生师数量、医院建设数量以及公共汽车发展对城市综合承载力都将产生重要影响，其中小学生师比对城市综合承载力的影响最大。从具体指标来看中小学生师比指数呈平稳增长趋势，在研究期内的年均增长率不到 1%。完善医院和公共汽车等基础设施能有效提高城市综合承载力，促进城市可持续展。随着人们生活条件的改善、追求更高水平的生活质量，其对基础设施的需求也会不断增加。总之，公共服务维度各指标的总体水平较高，尤其是中小学教师数量的增加，能有效改善公共服务水平，从而提高城市综合承载力。

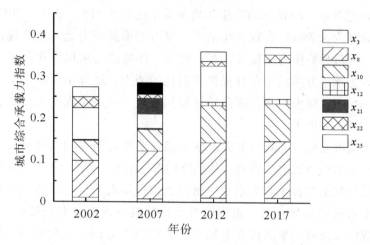

图 8.1　重庆市城市综合承载力评价结果

8.2.4　长江经济带城市综合承载力的区域比较

为了分析长江经济带内部各城市综合承载力的时间演变与空间分异情况，通过图 8.2 至图 8.5 对长江经济带各城市 2002 年、2007 年、2012 年、2017 年城市综合承载力进行可视化对比。

从空间上看，研究的 4 个年份里，长江经济带各城市的综合承载力呈现"东高西低"的发展态势。从长江经济带划分三大区域考虑，下游长三角地区、中游城市群以及上游成渝经济区也基本呈现"东高西低"的空间格局。而直辖市、省会城市基本都是三大区域城市综合承载力最高的地区，如成都是成渝经济区的高点，上海是长江三角洲的高点。但从省份来看，不考虑数据缺失地市的情况下，安徽、湖南、贵州、云南四省内部也呈现"东高西低"的空间格局，而江苏和江西两省呈现的是两种完全不一样的空间格局，江苏省"南高北低"，江西省则是"北高南低"；湖北省在空间格局上则呈现出"中间低，四周高"的情况；四川省则呈现以成都为核心的"中心高，四周低"的情形；浙江省与其他省份又是不一样的分布，呈现出以衢州—金华—台州为线的"中间低，南、北高"的独特空间格局。总体来说，从空间分异来看长江经济带的城市综合承载力呈现"东高西低"的格局。

从时间演变来看，不同城市表现出较大差异，省会城市基本都有所增加，2002—2007 年城市综合承载力提升最明显的两地为江苏连云港市和浙江杭州市，而江西省宜春市有较大幅度下降；2007—2012 年除安徽合肥、江西鹰潭和四川成都、达州、内江等地城市综合承载力有明显程度提升外，其余地市均没有明显变化；2012—2017 年城市综合承载力变化依然以稳定为主，贵州六盘水、铜仁以及湖北黄冈、武汉等城市有明显提升，江西南昌存在明显下降。总之，从时间演变来看，长江经济带大部分城市的综合承载力均保持稳定或有所提升，只有少部分城市有所下降。

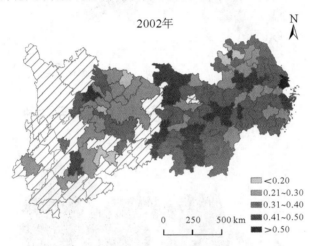

图 8.2　2002 年长江经济带城市综合承载力空间分布

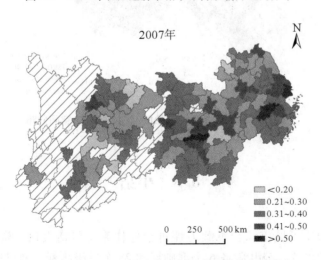

图 8.3　2007 年长江经济带城市综合承载力空间分布

2012年

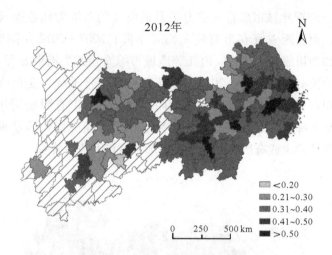

<0.20
0.21~0.30
0.31~0.40
0.41~0.50
>0.50

图 8.4 2012 年长江经济带城市综合承载力空间分布

2017年

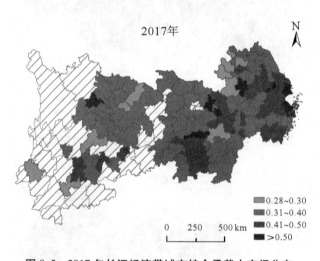

0.28~0.30
0.31~0.40
0.41~0.50
>0.50

图 8.5 2017 年长江经济带城市综合承载力空间分布

8.3 小结

本章构建了城市综合承载力评价指标体系，包括人口、资源、环境、经济、基础设施、公共服务 6 个准则层和 25 个三级指标。通过因子分析法完成了重庆市城市综合承载力评价指标的筛选，建立城市综合承载力评价的最小数据集。同时，利用模糊数学理论获取单项评价指标的隶属度，结合加权求和方法计算城市综合承载力指数。主要结论如下：

（1）城市综合承载力各评价指标特征差异明显。评价指标总体上处于中低变异强度，单位面积就业人员、人均可用水资源量、单位 GDP 工业废水排放量、单位 GDP 工业二氧化硫排放量、单位 GDP 工业烟（粉）尘排放量、单位面积 GDP 为高变异强度指标，生活垃圾无害化处理率变异强度较低，其他评价指标均属于中等变异强度。

（2）城市综合承载力评价的最小数据集由单位面积就业人员、单位 GDP 工业二氧化硫排放量、建成区绿化覆盖率、单位面积 GDP、中小学生师比、每万人医院数和每万人拥有公共汽车数组成，涵盖了人口、环境、经济、公共服务等方面，可以解释最初 25 个评价指标的原始信息。

（3）从时间维度来看，2007—2017 年重庆市城市综合承载力水平总体呈现持续上升趋势。其中，各个评价准则的变化趋势与综合承载力变化趋势基本一致，各评价指标间又存在一定差异。人口方面的评价指数先降后升，总体呈增长趋势。环境方面的评价指数与综合承载力指数变化基本一致。经济方面的评价指数在研究期间增长了近 10 倍。公共服务在教育、医疗、公共交通三个方面的评价指数变化表现出一定差异，但总体趋势均为波动变化增长。

（4）从空间纬度来看，2007—2017 年长江经济带各城市的综合承载力水平呈现出"东高西低"空间异质性特征。直辖市和省会城市是长江经济带上、中、下游地区的城市综合承载力水平高值区，总体呈现不断提高的发展趋势。长江经济带大部分城市的综合承载力水平均保持稳定或有所提升，只有少部分城市有一定程度下降。

参考文献

ANDREWS S S, CARROLL C R, 2001. Designing a soil quality assessment tool for sustainable agroecosystem managemen [J]. Ecological Applications, 11 (6): 1573-1585.

ANDREWS S S, KARLEN D L, MITCHELL J P, 2002. A comparison of soil quality indexing methods for vegetable production systems in Northern California [J]. Agriculture Ecosystems & Environment, 90 (1): 25-45.

BAGLIANI M, GALLI A, NICCOLUCCI V, et al., 2008. Ecological footprint analysis applied to a sub-national area: The case of the Province of Siena (Italy) [J]. Journal of Environmental Management, 86 (2): 354-364.

BARRETT J, BIRCH R, CHERRETT N, et al., 2005. Exploring the application of the ecological footprint to sustainable consumption policy [J]. Journal of Environmental Policy & Planning, 7 (4): 303-316.

BREJDA J J, MOORMAN T B, KARLEN D L, et al., 2000. Identification of regional soil quality factors and indicators: I. Central and southern high plains [J]. Soil Science Society of America Journal, 64 (6): 2115-2124.

CHEN C, 2004. Searching for intellectual turning points: Progressive knowledge domain visualization [J]. Proceedings of the National Academy of Sciences, 101 (suppl 1): 5303-5310.

CHEN C, 2017. Science mapping: A systematic review of the literature [J]. journal of data and information science, 2 (2): 1-40.

COLLINS A, FLYNN A, WIEDRNANN T, et al., 2006. The environmental impacts of consumption at a subnational level - The ecological footprint of Cardiff [J]. Journal of Industrial Ecology, 10 (3): 9-24.

COSTANZA R, 2000. The dynamics of the ecological footprint concept [J].

Ecological Economics, 32 (3): 341-345.

DEUTSCH L, FOLKE C, 2005. Ecosystem subsidies to Swedish food consumption from 1962 to 1994 [J]. Ecosystems, 8 (5): 512-528.

ERB K H, 2004. Actual land demand of Austria 1926-2000: a variation on Ecological Footprint assessments [J]. Land Use Policy, 21 (3): 247-259.

JORGENSON A K, 2003. Consumption and environmental degradation: a cross - national analysis of the ecological footprint [J]. Social Problems, 50 (3): 374-394.

KAISER H F, 1960. The application of electronic computers to factor analysis [J]. Educational and Psychological Measurement, 20 (1): 141-151.

LI P, ZHANG T L, WANG X X, et al., 2013. Development of biological soil quality indicator system for subtropical China [J]. Soil & Tillage Research, 126: 112-118.

LI Y, JIA L, WU W, et al., 2018. Urbanization for rural sustainability - Rethinking China's urbanization strategy [J]. Journal of Cleaner Production, 178: 580-586.

MONFREDA C, WACKERNAGEL M, DEUMLING D, 2004. Establishing national natural capital accounts based on detailed - Ecological Footprint and biological capacity assessments [J]. Land Use Policy, 21 (3): 231-246.

MUNIZ I, GALINDO A, 2005. Urban form and the ecological footprint of commuting: The case of Barcelona [J]. Ecological Economics, 55 (4): 499 -514.

NADIA D, 2020. The impact of foreign direct investment on the ecological footprints of nations [J]. Environmental and Sustainability Indicators, 8: 100085.

NICCOLUCCI V, BASTIANONI S, TIEZZI E B P, et al., 2009. How deep is the footprint? A 3D representation [J]. Ecological Modelling, 220 (20): 2819-2823.

NICCOLUCCI V, GALLI A, REED A, et al., 2011. Towards a 3D National Ecological Footprint Geography [J]. Ecological Modelling, 222 (16): 2939-2944.

PALMER A R, 1999. Ecological Footprints: Evaluating Sustainability [J]. Environmental Geosciences, 6 (4): 200-204.

REES W E, 1992. Ecological footprints and appropriated carrying capacity:

what urban economics leaves out [J]. Environment & Urbanization, 4 (2): 121-130.

SENBEL M, MCDANIELS T, DOWLATABADI H, 2003. The ecological footprint: a non-monetary metric of human consumption applied to North America [J]. Global Environmental Change-Human and Policy Dimensions, 13 (2): 83 -100.

SHI L Y, LI D, ZHAO J Z, 2010. A method to estimate urban optimum population conditions: a case study of Xiamen, China [J]. International Journal of Sustainable Development and World Ecology, 17 (4): 324-328.

VAN VUUREN D P, BOUWMAN L F, 2005. Exploring past and future changes in the ecological footprint for world regions [J]. Ecological Economics, 52 (1): 43-62.

VUUREN D P V, SMEETS E M W, 2000. Ecological footprints of Benin, Bhutan, Costa Rica and the Netherlands [J]. Ecological Economics, 34 (1): 115-130.

WACKERNAGEL M, KITZES J, MORAN D, et al., 2006. The Ecological Footprint of cities and regions: comparing resource availability with resource demand [J]. Environment and Urbanization, 18 (1): 103-112.

WACKERNAGEL M, MONFREDA C, ERB K H, et al., 2004. Ecological footprint time series of Austria, the Philippines, and South Korea for 1961 - 1999: comparing the conventional approach to an "actual land area" approach [J]. Land Use Policy, 21 (3): 261-269.

WACKERNAGEL M, MONFREDA C, SCHULZ N B, et al.. 2004. Calculating national and global ecological footprint time series: resolving conceptual challenges [J]. Land Use Policy, 21 (3): 271-278.

WACKERNAGEL M, ONISTO L, BELLO P, et al., 1999. National natural capital accounting with the ecological footprint concept [J]. Ecological Economics, 29 (3): 375-390.

WACKERNAGEL M, REES W E, 1997. Perceptual and structural barriers to investing in natural capital: Economics from an ecological footprint perspective [J]. Ecological Economics, 20 (1): 3-24.

WACKERNAGEL M, SILVERSTEIN J, 2000. Big things first: focusing on the scale imperative with the ecological footprint [J]. Ecological Economics, 32 (3): 391-394.

WACKERNAGEL M, YOUNT J D, 1998. The ecological footprint：An indicator of progress toward regional sustainability ［J］. Environmental Monitoring and Assessment, 51 (1-2)：511-529.

WANDER M M, BOLLERO G A, 1999. Soil quality assessment of tillage impacts in Illinois ［J］. Soil Science Society of America Journal, 63 (4)：961-971.

WWF, UNEP-WCMC, (2008-10-1) ［2022-05-9］. Living Planet Report 2008 ［EB/OL］. http：//assets. panda. org/downloads/living_ planet_ report_ 2008. pdf.

安传艳，李同昇，翟洲燕，等，2018. 1992—2016 年中国乡村旅游研究特征与趋势：基于 CiteSpace 知识图谱分析 ［J］. 地理科学进展，37 (9)：1186-1200.

蔡海生，朱德海，张学玲，等，2007. 鄱阳湖自然保护区生态承载力 ［J］. 生态学报，27 (11)：4751-4757.

蔡永龙，陈忠暖，刘松，2017. 近 10 年珠三角城市群经济承载力及空间分异 ［J］. 华南师范大学学报 (自然科学版)，49 (5)：86-91.

曹慧博，张颖，杨静，等，2021. 基于三维生态足迹扩展模型的中国海岸带生态足迹及其影响因素研究 ［J］. 水土保持通报，41 (1)：252-259，283.

陈成忠，林振山，2007. 中国人均生态足迹与生物承载力变化的 EMD 分析及情景预测 ［J］. 生态学报，27 (12)：5291-5299.

陈成忠，林振山，陈玲玲，2006. 生态足迹与生态承载力非线性动力学分析 ［J］. 生态学报，26 (11)：3812-3816.

陈成忠，林振山，梁仁君，2008. 基于生态足迹方法的中国生态可持续性分析 ［J］. 自然资源学报，23 (2)：230-236.

陈金英，杨青山，马中华，2013. 不同发展阶段的城市群综合承载能力评价研究 ［J］. 经济地理，33 (8)：68-72，85.

陈悦，陈超美，刘则渊，等，2015. CiteSpace 知识图谱的方法论功能 ［J］. 科学学研究，33 (2)：242-253.

陈悦，刘则渊，陈劲，等，2008. 科学知识图谱的发展历程 ［J］. 科学学研究，26 (3)：449-460.

陈钊，陆铭，2014. 首位城市该多大？：国家规模、全球化和城市化的影响 ［J］. 学术月刊，46 (5)：5-16.

陈志霞，于洋航，2017. 城市居民社会管理满意度对居民幸福感的影响

[J]. 城市问题, (11): 78-86.

程艳妹, 任彩凤, 郑欣, 等, 2018. 淮南市三维生态足迹及其驱动因子研究 [J]. 生态科学, 37 (6): 106-113.

程钰, 尹建中, 王建事, 2019. 黄河三角洲地区自然资本动态演变与影响因素研究 [J]. 中国人口·资源与环境, 29 (4): 127-136.

崔昊天, 贺桂珍, 吕永龙, 等, 2020. 海岸带城市生态承载力综合评价: 以连云港市为例 [J]. 生态学报, 40 (8): 1-10.

代富强, 李新运, 郑新奇, 2006. 城市适度人口规模的"可能-满意度" (P-S) 分析: 以济南市为例 [J]. 山东师范大学学报: 自然科学版, 21 (1): 104-106.

代富强, 吕志强, 周启刚, 2014. 农户生计可持续性定量测度及动态分析研究 [J]. 中国农学通报, 30 (26): 114-122.

邓晓军, 许有鹏, 翟禄新, 等, 2014. 城市河流健康评价指标体系构建及其应用 [J]. 生态学报, 34 (4): 993-1001.

邓雪, 李家铭, 曾浩健, 等, 2012. 层次分析法权重计算方法分析及其应用研究 [J]. 数学的实践与认识, 42 (7): 93-100.

狄乾斌, 韩帅帅, 韩增林, 2016. 中国地级以上城市经济承载力的空间格局 [J]. 地理研究, 35 (2): 16.

丁煦诗, 2018. 中国特大城市公共服务承载力评价研究 [D]. 上海: 上海交通大学.

丁月清, 杨建华, 洪增林, 等, 2019. 面向"三区三线"划定的城市群资源环境承载力评价方法研究: 以关中平原城市群评价为例 [J]. 西北地质, 52 (3): 223-230.

董建红, 张志斌, 张文斌, 2019. 基于三维生态足迹的甘肃省自然资本利用动态变化及驱动力 [J]. 生态学杂志, 38 (10): 3075-3085.

董源, 郑晓冬, 方向明, 2020. 公共服务对城市居民幸福感的影响 [J]. 城市问题 (2): 82-88.

杜悦悦, 彭建, 高阳, 等, 2016. 基于三维生态足迹的京津冀城市群自然资本可持续利用分析 [J]. 地理科学进展, 35 (10): 1186-1196.

方恺, 2013. 生态足迹深度和广度: 构建三维模型的新指标 [J]. 生态学报, 33 (1): 267-274.

方恺, REINOUT H, 2012. 自然资本核算的生态足迹三维模型研究进展 [J]. 地理科学进展, 31 (12): 1700-1707.

方恺, 高凯, 李焕承, 2013. 基于三维生态足迹模型优化的自然资本利

146

用国际比较 [J]. 地理研究, 32 (9): 1657-1667.

房睿, 2012. 层次分析法（AHP）在水环境承载力中的应用: 以玛纳斯河为例 [J]. 黑龙江水利科技, 40 (1): 32-33.

冯晓华, 曹暄, 2009. 城市经济承载力构成要素的比较分析: 兼论武汉市经济承载力的提升策略 [J]. 学习与实践 (3): 160-163.

符国基, 徐恒力, 陈文婷, 2008. 海南省自然生态承载力研究 [J]. 自然资源学报, 23 (3): 412-421.

傅鸿源, 胡焱, 2009. 城市综合承载力研究综述 [J]. 城市问题 (5): 27-31.

干靓, Y W, C H, 等, 2015. 可持续城市发展: 对城市承载力评估的综述 [J]. 城市规划学刊 (1): 125-126.

石丽, 陈万明, 2017. 中国高等教育资源承载力的成熟度研究 [J]. 高等教育研究, 38 (9): 21-29.

宫彬彬, 吴晓蕾, 张斌, 等, 2021. 草莓种苗壮苗指数模型的构建与质量评价 [J]. 应用生态学报, 32 (8): 2809-2817.

顾康康, 刘景双, 窦晶鑫, 2008. 辽中地区矿业城市生态承载力研究 [J]. 自然资源学报, 23 (1): 87-94.

关皓明, 张平宇, 2016. 基于经济基础理论的中国城市基本-非基本经济活动关系的实证检验 [J]. 地理科学, 36 (12): 1784-1792.

郭娜, 王伯铎, 崔晨, 等, 2011. 榆林市生态环境承载力评价分析 [J]. 中国人口·资源与环境, 21 (S1): 104-107.

郭显光, 1998. 改进的熵值法及其在经济效益评价中的应用 [J]. 系统工程理论与实践 (12): 99-103.

郭秀锐, 毛显强, 冉圣宏, 2000. 国内环境承载力研究进展 [J]. 中国人口资源与环境, 10 (3): 28-30.

郭秀锐, 杨居荣, 毛显强, 2003. 城市生态足迹计算与分析: 以广州为例 [J]. 地理研究, 22 (5): 654-662.

郭志伟, 张慧芳, 郭宁, 2008. 城市经济承载力研究: 以北京市为例 [J]. 城市发展研究, 15 (6): 152-156.

韩峰, 李玉双, 2019. 产业集聚、公共服务供给与城市规模扩张 [J]. 经济研究, 54 (11): 149-164.

韩奇, 2021. 双循环新发展格局的系统论视野 [J]. 北京科技大学学报 (社会科学版), 37 (5): 470-477.

胡春阳, 刘秉镰, 廖信林, 2017. 中国区域协调发展政策的研究热点及前沿动态：基于 CiteSpace 可视化知识图谱的分析［J］. 华南师范大学学报（社会科学版）（5）：98-109, 191.

黄安，田莉，于江浩，等，2021. 治理视角下村镇建设资源环境承载力综合评估［J］. 农业工程学报，37（13）：232-241.

黄进，陈金华，张方敏，2021. 基于主成分分析的安徽省冬小麦气候灾损风险的时空演变［J］. 应用生态学报（9）：3185-3194.

冀振松，王金金，田玉辉，2013. 基于系统论思想的山西省资源环境承载力综合评价研究［J］. 湖北农业科学，52（15）：3537-3543.

姜豪，陈灿平，2016. 城市综合承载力研究：以成都为例［J］. 软科学，30（12）：59-62.

金慧芳，史东梅，陈正发，等，2018. 基于聚类及 PCA 分析的红壤坡耕地耕层土壤质量评价指标［J］. 农业工程学报，34（7）：155-164.

金磊，2008. 城市安全风险评价的理论与实践［J］. 城市问题（2）：35-40.

金梦婷，徐丽萍，李鹏辉，2020. 南北疆区域经济差异化三维生态足迹自然资本利用的时空演变［J］. 生态学报，40（13）：4327-4339.

晋雪茹，李晓贤，张洪铭，等，2019. 基于三维生态足迹扩展模型的浙江省自然资本动态评估［J］. 生态学杂志，38（7）：2177-2183.

靳玮，徐琳瑜，杨志峰，2010. 城市适度人口规模的多目标决策方法及应用［J］. 环境科学学报，30（2）：438-443.

景跃军，陈英姿，2006. 关于资源承载力的研究综述及思考［J］. 中国人口·资源与环境，16（5）：11-13.

孔凡文，胡弘，张婷婷，2013. 城市经济承载力及其测算方法研究：以沈阳市为例［J］. 城市问题（7）：55-58.

孔凡文，刘亚臣，常春光，2012. 城市综合承载力的内涵及测算思路［J］. 城市问题（1）：26-29.

蓝丁丁，韦素琼，陈志强，2007. 城市土地资源承载力初步研究：以福州市为例［J］. 沈阳师范大学学报：自然科学版，25（2）：5.

李东序，赵富强，2008. 城市综合承载力结构模型与耦合机制研究［J］. 城市发展研究，15（6）：37-42.

李航，李雪铭，田深圳，等，2017. 城市人居环境的时空分异特征及其机制研究：以辽宁省为例［J］. 地理研究，36（7）：1323-1338.

李建豹，白永平，罗君，等，2011. 甘肃省县域经济差异变动的空间分析［J］. 经济地理，31（3）：390-395.

李杰，陈超美，2017. Citespace 科技文本挖掘及可视化（第2版）［M］. 北京：首都经济贸易大学出版社.

李鹏辉，徐丽萍，刘笑，等，2020. 基于三维生态足迹模型的天山北麓绿洲生态安全评价［J］. 干旱区研究，37（5）：1337-1345.

李鹏辉，徐丽萍，张军民，等，2020. 干旱区内陆河流域三维生态足迹时空变化分析：以玛纳斯河流域为例［J］. 生态学报，40（19）：6776-6787.

廖元和，2018. 重庆改革开放四十年历程与未来发展趋势［J］. 西部论坛，28（6）：15-23.

刘海燕，程全国，魏建兵，等，2017. 基于改进三维生态足迹的沈阳市自然资本动态［J］. 应用生态学报，28（12）：4067-4074.

刘洁，苏杨，魏方欣，2013. 基于区域人口承载力的超大城市人口规模调控研究［J］. 中国软科学（10）：147-156.

刘仁志，汪诚文，郝吉明，等，2009. 环境承载力量化模型研究［J］. 应用基础与工程科学学报，17（1）：49-61.

刘荣增，王佳佳，何春，2021. 国家中心城市综合承载力评价研究［J］. 区域经济评论（6）：133-140.

刘毅华，甘明超，2006. 西藏土地沙漠化形成机制的生态足迹分析［J］. 中国沙漠，26（3）：461-465.

刘宇辉，彭希哲，2004. 中国历年生态足迹计算与发展可持续性评估［J］. 生态学报，24（10）：2257-2262.

罗瑾，刘勇，岳文泽，等，2013. 山地城市空间结构演变特征：从沿河谷扩展到多中心组团式扩散［J］. 经济地理，33（2）：61-67.

吕斌，孙莉，谭文垦，2008. 中原城市群城市承载力评价研究［J］. 中国人口.资源与环境，18（5）：53-58.

吕光明，何强，2009. 可持续发展观下的城市综合承载能力研究［J］. 城市发展研究，16（4）：157-159.

吕红亮，许顺才，林纪，2007. 抚顺市可持续发展的生态足迹多维分析［J］. 资源科学，29（5）：22-27.

吕若曦，肖思思，董燕红，等，2018. 基于层次分析法的资源环境承载力评价研究：以镇江市为例［J］. 江苏农业科学，46（9）：268-272.

马彩虹，赵先贵，兰叶霞，等，2006. 基于生态足迹的县域生态经济可持续发展研究：以宁夏西吉县为例［J］. 干旱区研究，23（2）：359-363.

马明德，马学娟，谢应忠，等，2014. 宁夏生态足迹影响因子的偏最小

二乘回归分析 [J]. 生态学报, 34 (3): 682-689.

马维兢, 刘斌, 杨德伟, 等, 2017. 基于三维生态足迹模型的流域自然资本动态评估: 以福建省九龙江流域为例 [J]. 资源科学, 39 (5): 871-880.

牛叔文, 孙红杰, 秦静, 等, 2010. 基于农业用地和地形约束的陇南山区适宜人口规模估算 [J]. 长江流域资源与环境, 19 (1): 73-78.

彭建, 吴健生, 蒋依依, 等, 2006. 生态足迹分析应用于区域可持续发展生态评估的缺陷 [J]. 生态学报, 26 (8): 2716-2722.

乔家君, 2004. 改进的熵值法在河南省可持续发展能力评估中的应用 [J]. 资源科学, 26 (1): 113-119.

秦超, 李君轶, 陈宏飞, 2015. 基于三维生态足迹的锡林郭勒盟自然资本动态研究 [J]. 干旱区资源与环境, 29 (9): 51-56.

秦超, 李君轶, 陈宏飞, 等, 2016. 基于三维生态足迹的陕西省自然资本动态研究 [J]. 干旱区研究, 33 (4): 837-842.

茹小斌, 付野, 牛劲达, 2019. 北京城市生态空间承载力评价研究 [J]. 环境与可持续发展, 44 (5): 86-91.

尚勇敏, 王振, 2019. 长江经济带城市资源环境承载力评价及影响因素 [J]. 上海经济研究 (7): 14-25, 44.

施海燕, 2008. 区域经济承载力评价研究: 以浙江海宁为例 [J]. 新西部 (下半月) (4): 58-59.

石忆邵, 尹昌应, 王贺封, 等, 2013. 城市综合承载力的研究进展及展望 [J]. 地理研究, 32 (1): 133-145.

苏子龙, 袁国华, 周伟, 2020. 基于改进三维生态足迹模型的安徽省土地生态承载力评价 [J]. 水土保持研究, 27 (3): 256-262.

谭映宇, 张平, 刘容子, 等, 2012. 渤海内主要海湾资源和生态环境承载力比较研究 [J]. 中国人口·资源与环境, 22 (12): 7-12.

唐凯, 唐承丽, 赵婷婷, 等, 2012. 基于集对分析法的长株潭城市群资源环境承载力评价 [J]. 国土资源科技管理, 29 (1): 46-53.

田鹏, 李加林, 王丽佳, 等, 2020. 基于 GTWR 模型的浙江省海岸带三维生态足迹动态变化及其影响因素 [J]. 应用生态学报, 31 (9): 3173-3186.

田园, 2019. 可持续发展视角下长江经济带城市群综合承载力研究 [D]. 重庆: 重庆大学.

万炳彤, 赵建昌, 鲍学英, 等, 2020. 基于 SVR 的长江经济带水环境承

载力评价 [J]. 中国环境科学, 40 (2): 896-905.

王爱民, 尹向东, 2006. 城市化地区多目标约束下的适度人口探析: 以深圳为例 [J]. 中山大学学报（自然科学版）, 45 (1): 116-120.

王彩霞, 2016. 经济新常态下资源型城市的经济转型问题研究 [J]. 现代管理科学 (10): 85-87.

王浣尘, 1982. 采用可能度和满意度的多目标决策方法 [J]. 系统工程理论与实践, 2 (1): 14-22.

王建国, 杨林章, 单艳红, 2001. 模糊数学在土壤质量评价中的应用研究 [J]. 土壤学报, 38 (2): 176-183.

王金南, 于雷, 万军, 等, 2013. 长江三角洲地区城市水环境承载力评估 [J]. 中国环境科学, 33 (6): 1147-1151.

王亮根, 杜虹, 曹会彬, 等, 2012. 汕头港环境承载力及可持续发展研究 [J]. 环境科学与管理, 37 (11): 61-67.

王秦, 李伟, 2020. 区域资源环境承载力评价研究进展及展望 [J]. 生态环境学报, 29 (7): 1487-1498.

王亚娟, 米文宝, 2010. 宁夏沿黄城市带生态环境承载力研究 [J]. 干旱区资源与环境, 24 (11): 23-27.

王宇峰, 2005. 城市生态系统承载力综合评价与分析 [D]. 杭州: 浙江大学.

王郁, 2016. 城市公共服务承载力的理论内涵与提升路径 [J]. 上海交通大学学报（哲学社会科学版）, 24 (6): 15-22.

王郁, 魏程瑞, 戴思诗, 2018. 城市公共服务承载力评价指标体系及其实证研究: 以上海十城区为例 [J]. 上海交通大学学报（哲学社会科学版）, 26 (2): 5-15.

王郁, 魏程瑞, 王艳, 等, 2018. 超大城市公共服务承载力的差异与提升对策研究: 以北上广深四城 (2005—2015) 为例 [J]. 上海行政学院学报, 19 (5): 18-26.

吴大放, 胡悦, 刘艳艳, 等, 2020. 城市开发强度与资源环境承载力协调分析: 以珠三角为例 [J]. 自然资源学报, 35 (1): 82-94.

吴浩, 江志猛, 林安琪, 等, 2021. 基于隐性—韧性—显性的武汉城市资源环境承载力空间特征 [J]. 地理学报, 76 (10): 2439-2457.

吴玉鸣, 张燕, 2007. 西南岩溶区广西生态安全及资源利用效率 [J]. 生态学报, 27 (1): 242-249.

夏洪胜, 1995. 多目标决策 [J]. 决策探索, 9: 14.

向悟生，李先琨，何成新，等，2008. 桂西南岩溶生态脆弱区生态承载力分析及可持续发展状况评价：以广西平果县为例 ［J］. 中国岩溶，27（1）：75-79，96.

熊鹰，2008. 基于生态足迹的湖南省生态消费水平可持续性评价 ［J］. 经济地理，28（2）：304-307.

徐建华，2002. 现代地理学中的数学方法（第二版）［M］. 北京：高等教育出版社.

徐琳瑜，康鹏，刘仁志，2013. 基于突变理论的工业园区环境承载力动态评价方法 ［J］. 中国环境科学，33（6）：1127-1136.

徐琳瑜，杨志峰，毛显强，2003. 城市适度人口分析方法及其应用 ［J］. 环境科学学报，23（3）：355-359.

徐中民，程国栋，张志强，2006. 生态足迹方法的理论解析 ［J］. 中国人口·资源与环境，16（6）：69-78.

许旭，金凤君，刘鹤，2010. 成渝经济区县域经济实力的时空差异分析 ［J］. 经济地理，30（3）：388-392.

薛小杰，惠泱河，黄强，等，2000. 城市水资源承载力及其实证研究 ［J］. 西北农业大学学报，28（6）：135-139.

杨世军，顾光海，2018. 基于德尔菲-层次分析法和灰色关联分析的城市公共服务设施承载力评价研究 ［J］. 数学的实践与认识，48（20）：311-320.

杨世军，顾光海，2019. 基于主成分聚类分析方法的城市公共服务设施承载力差异性评价 ［J］. 数学的实践与认识，49（11）：261-273.

杨一昉，卢宏玮，梁东哲，等，2020. 基于三维生态足迹模型的长江中游城市群平衡性分析与生态补偿研究 ［J］. 生态学报，40（24）：9011-9022.

杨屹，胡蝶，2018. 生态脆弱区榆林三维生态足迹动态变化及其驱动因素 ［J］. 自然资源学报，33（7）：1204-1217.

杨志，赵冬至，林元烧，2011. 基于PSR模型的河口生态安全评价指标体系研究 ［J］. 海洋环境科学，30（1）：139-142.

余构雄，戴光全，2017. 基于《旅游学刊》关键词计量分析的旅游学科创新力及知识体系构建 ［J］. 旅游学刊，32（1）：99-110.

张林波，李文华，刘孝富，等，2009. 承载力理论的起源、发展与展望 ［J］. 生态学报，29（2）：878-888.

张录法，2019. 中国大都市区域医疗资源配置的均衡性及优化研究

[J]. 南京社会科学（2）：65-72.

张蒙蒙，刘天平，杨建辉，2019. 精准扶贫研究的现状、热点与趋势：基于 CNKI 和 CiteSpace 可视化视角 [J]. 中国农业资源与区划，40（8）：11-19.

张升峰，2018. 经济新常态下城市经济发展中面临的问题及解决措施 [J]. 企业改革与管理（7）：214-215.

张晓琴，石培基，2010. 基于 PSR 模型的兰州城市生态系统健康评价研究 [J]. 干旱区资源与环境，24（3）：77-82.

张星星，曾辉，2017. 珠江三角洲城市群三维生态足迹动态变化及驱动力分析 [J]. 环境科学学报，37（2）：771-778.

张瀛，王浣尘，2003. 上海市合理人口规模研究 [J]. 管理科学学报，6（2）：1-11.

张志强，徐中民，程国栋，2000. 生态足迹的概念及计算模型 [J]. 生态经济（10）：8-10.

赵牡丹，马羽赫，石蕾洁，等，2021. 空间规划背景下关中城市群资源环境承载力研究 [J]. 安全与环境学报，21（4）：1849-1858.

赵秋成，2011. 基于 PREES 系统模型的城市合理人口规模实证研究：以大连市为例 [J]. 西北人口，32（6）：41-44.

赵淑芹，王殿茹，2006. 我国主要城市辖区土地综合承载指数及评价 [J]. 中国国土资源经济，（12）：24-27，41.

郑德凤，刘晓星，王燕燕，等，2018. 基于三维生态足迹的中国自然资本利用时空演变及驱动力分析 [J]. 地理科学进展，37（10）：1328-1339.

郑国强，江南，刘兆德，2004. 长江下游沿江地区区域环境承载力对土地利用变化的响应 [J]. 生态学杂志，23（1）：16-19.

郑恺，徐立荣，郑玉成，2012. 东营市河口区水环境承载力研究 [J]. 人民黄河，34（11）：63-65，69.

郑文晖，2006. 文献计量法与内容分析法的比较研究 [J]. 情报杂志（5）：31-33.

周嘉，尚金城，2004. 绥化市可持续发展状况的生态足迹分析 [J]. 地理科学，24（3）：333-338.

朱晓秋，潘洪义，房力川，等，2018. 四川省三维生态足迹动态变化及其驱动力分析 [J]. 资源开发与市场，34（2）：172-176，273.